Inhoud

Voorwoord 7

Introductie 9

Hoofdstuk 1 Hoe ziet de jouwe eruit? 15

Hoofdstuk 2 De top 10 23

Hoofdstuk 3 Arme-ik-feestje 31

Hoofdstuk 4 Bange Betty 43

Hoofdstuk 5 Gedachten om op te kauwen 53

Hoofdstuk 6 Alles onder controle Betty? 63

Hoofdstuk 7 Wraak 71

Hoofdstuk 8 Jij of ik? 79

Hoofdstuk 9 Betty en Sherlockje 87

Hoofdstuk 10 "Schat, kan het zijn dat ik jouw moeder naast de
frikandellen zag liggen?" 97

Hoofdstuk 11 Betty ging op kamers 105

Nawoord 109

Tot slot 115

Voorwoord

"Aangenaam, Betty!" "Ego van Ernestine hier. Dit boek gaat over mij! Hihi. Ja, daar ben ik best trots op! Zou jij ook zijn toch? Eerlijk… eerlijk? Ja, zie je wel. Hoef je je niet voor te schamen hoor. O, en vrees niet, het is niet weer zo'n saai zelfhulpboek, met oefeningen, werkbladen, stappenplannen en theorietjes, waarvan de meeste mensen na afloop de helft alweer kwijt zijn. Nee, niets van dat alles. Wat is het dan wel? Bijzonder goede vraag!"

Het is een inspiratieboek. Je mag het lezen, er iets van vinden en eruit halen waarvan je denkt: 'Mwah, zit wat in'. Of je doet er niets mee… Het is aan jou, lezer. Zo, dat haalt wat druk van de ketel, nietwaar? Maar een boek zonder doel is ook weer zo gek, dus als ik er een bedoeling mee heb, is dat deze: Kijk eens naar mij, Betty. Kijk eens naar wat voor een invloed ik heb. Door alle emoties die ik soms moeilijk kan beheersen, is het leven soms een stuk ingewikkelder dan wenselijk. "Tja, da's niet mijn schuld! Nee joh. Dat is de schuld van anderen! Maar om dat te kunnen snappen, moet je mij (het ego) wel zien natuurlijk. Daar ben ik wel blij om, eerlijk gezegd, want ik word graag gezien. Ja…"

Zo. Dat was Betty. Het mag duidelijk zijn, dat je als mens vaak een ander toontje aanslaat als het ego actief is. Al lezend zal duidelijk worden wie Betty is, hoe ze is ontstaan en wat ik allemaal meemaakte door en mét haar.

"Uhm, ik moet nog even wat kwijt…"

"Ja, Betty?" "Ik wil bij voorbaat sorry zeggen tegen de mensen die zich misschien aangevallen of geraakt voelen. Ik bedoel, het was zeker wel de bedoeling om dat te veroorzaken. – dat is nu eenmaal wat ik doe als ego, maar achteraf heb ik meestal wel spijt van mijn vaak ongeremde uitingen van emoties. Maar ja, dan is het kwaad al geschied en heeft Ernestine meestal nog wat werk aan de nazorg van mijn acties. Excuus, Mea culpa, en wat men zoal zegt. Ik kan niet beloven dat het nooit meer zal voorkomen, maar ik ga zeker mijn best doen."

Introductie

"Waarom heb ik eigenlijk zo'n hekel aan jou?" vraag ik aan een man die ik stiekem leuk vond, maar niet kon uitstaan omdat hij zo afstandelijk deed.

Hij kijkt opzij en ik zie de verbazing op zijn gezicht. Die zin had hij niet zien aankomen. Ik zelf eigenlijk ook niet. Hij floepte eruit… Het zou een gedenkwaardig moment worden…. Vanaf dat moment was ze een feit: mijn Betty. Aangenaam! Ego in volle glorie en in andermans gezicht, kamer vullend en waag het niet om mij te negeren!

Bekomen van de eerste schok die mijn opmerking te weeg bracht, keken we elkaar aan en begonnen te lachen. Het was ook wel een maffe uitspraak en er ontstond een heel open gesprek over gevoelens, over hoe we het contact met elkaar hadden ervaren en wat de reden voor de botsing was geweest. Samen bedachten we om het ego een karakter te geven. Zichtbaar te maken! Maar wel op een leuke manier. Het hele onderwerp ego is voor de mens immers een wat moeilijk te verstouwen onderwerp.

Ik wed dat als ik op de markt zou gaan staan en willekeurig zou gaan vragen of mensen hun ego kennen, ik grotendeels het antwoord krijg: "Nou… ik heb geen ego, hoor!" of "Het valt wel mee bij mij…"

Ego wordt als iets donkers gezien, gekoppeld aan het woord egoïsme. Dat is binnen de maatschappij een eigenschap waarmee we niet geassocieerd willen worden. Egoïsten zijn niet hip, niet gewenst. We horen als mens aardig te zijn en iets voor anderen over te hebben. En vooral niet te veel van ons zelf te houden…

Een uur na de geboorte van Betty, zit de groep met gelijkgestemde mensen van Hyves, luid lachend te praten. Mijn ego heeft Betty Boop als karakter gekregen. De meneer waarmee het allemaal begon heeft zich zelf tot Peter Pan gekroond. Aan de overkant kakelt Pipi Langkous er lustig op los en Miss Piggy slaakt wat zuchtjes van irritatie. Wat een feest; een ego-feestje! Mensen die hun ego erkennen er lol om hebben.

Als ik later aan mensen vertel over het ontstaan van Betty, krijg ik verwarde blikken en het advies toch vooral eens wat zelfhulpboeken aan te schaffen. "Je bent toch niet een meervoudige persoonlijkheid aan het ontwikkelen, hoop ik", is één van de commentaren. Nee, dat was ik niet. Ik was me bewust aan het worden van mijn emotionele binnenkant. Dat is namelijk waar het fenomeen Betty voor staat. Alle emoties gecombineerd in een poppetje waar je naar kunt kijken. Het is een helikoptervlucht boven jezelf. Je ziet de emoties, zonder daar midden in te zitten en ik kan melden, dat is zowel schokkend als bijzonder lachwekkend.

Ik ben inmiddels tien jaar verder in mijn leven en Betty ook. Het is alsof we samen in training zijn geweest en inmiddels ken ik haar goed en kan ik haar ook negeren. Dat heeft heel wat bloed, zweet en tranen gekost en leverde enorme avonturen op. Ze zit me soms nog wel in de weg. Bijvoorbeeld bij het schrijven van een boek.

De ultieme uitdaging, een boek schrijven. Natuurlijk vindt Betty daar het nodige van. Ik zag die bui al hangen. Vaak als ik iets nieuws wil gaan doen komt ze met allerlei argumenten waarom ik het misschien beter niet zou kunnen doen; dan houden we het, zoals ze dat zo fijn kan zeggen 'lekker veilig'.

Lezend door het boek zal het opvallen dat ik het over Betty heb als 'haar' en praat over 'ons' en 'wij'. Ik schrijf graag op deze manier om de nadruk te leggen op de aanwezigheid van het ego. Ik weet heel goed dat ik Betty ben en dat ik zelf verantwoordelijk ben voor wat er gezegd wordt. Ik stip dit even aan zodat duidelijk is dat ik en niemand anders verantwoordelijk was voor de situaties waarin ik mezelf aantrof op avontuur met mijn Betty.

Als ik wel eens in een boekhandel loop en mijn oog over de boeken op de tafel glijdt dan hoor ik haar met haar

schelle stemmetje als mijn persoonlijke boekrecensent…
'Zie je ons boek hier al tussen liggen?' 'Zit de wereld te wachten op een boek over een egootje?' 'Is dat niet wat arrogant gedacht van ons?' Betty denkt in presteren en waardering. De reden voor deze vragen is om te kijken of ik wel goed genoeg zal worden bevonden door de personen die het boek zullen lezen. Een innerlijk rondje onzekerheid.

Betty is een complex wezentje. De regisseuse van ons eigen kleine drama-theater. Ik heb haar vast een voorproefje gegeven door over haar te bloggen, zodat ze aan het idee kan wennen, haha haha. Als je iets graag wilt moet je er wel in geloven. Het is niet handig als de ster van het verhaal het creatieve proces saboteert met twijfels over ons kunnen. Betty overtuigen van "Ja ik kan het" is een pittig klusje kan ik je vertellen.

De Betty-blogs worden gretig gelezen. Betty is hot! Betty is de personificatie van emoties die iedereen herkent. Dit boek is mijn manier om mijn wereld (en die van Betty) te delen en te inspireren. De belangrijkste les uit mijn avonturen met Betty is, dat mensen verantwoordelijk zijn voor hun gedachten en emoties. Wanneer je ontdekt wat het ego is en doet, het kunt accepteren, wordt het leven een stuk aangenamer. Ik kan me niet voorstellen dat er mensen rondlopen die dat niet willen… een aangenaam leven.

Zoals alle grote schrijvers doen, wil ik hierbij mensen bedanken. Mensen die ik tegen kwam op mijn avonturen met Betty, waarmee ik aanvaringen heb gehad. Dank

12

jullie wel voor de ervaring. Dankzij jullie heb ik Betty mogen leren kennen.

Hoofdstuk 1 Hoe ziet de jouwe eruit?

"Een boek over je ego... dat meen je niet", zegt een kennis. "Ja wel, over Betty", zeg ik lachend. "Heb jij de jouwe eigenlijk al een poppetje gegeven?" "Uhm, ja, dat weet ik niet hoor." "Hoe doe je dat dan?" "Nou, je weet ongeveer wel hoe jouw gezicht staat als je in een emotie bent", leg ik uit. "Bijvoorbeeld beledigd of teleurgesteld of ronduit pissig." De kennis grinnikt maar ik ga onbewogen verder. "Op welk tekenfilmfiguurtje of filmpersoon lijk je dan?"

Het bleek een lastige vraag en dat kan ik me goed voorstellen. Het bedenken van zo'n poppetje vergt allereerst dat je dapper genoeg bent om te erkennen dat je een ego hebt. Dat is al een hele stap. Dan nog bedenken dat zo'n ego al je emoties vertegenwoordigt en daar ronduit voor uitkomen is ook nogal een ontboezeming. Dat is toch wel een gevalletje 'vuile was buiten de deur hangen'. Liever worden we gezien als de beminnelijke goedaardige buurvrouw, de geweldig leuke hippe moeder, de ideale schoondochter en ga zo maar door.

"Maar waar staat het ego dan voor?" gaat de kennis verder, die nog steeds worstelt met het zoeken naar een poppetje.

Ego is Latijn voor het woord IK. Je zou denken dat je het dus zelf bent, maar dat is niet helemaal waar. Het ego is een onderdeel van jou. Ik zie het altijd als het stemmetje in het hoofd van mensen. De gedachtestroom die je kunt hebben als er iets gebeurt. Het is de manier waarop je over jezelf en over anderen denkt. Je zou het je innerlijke criticus kunnen noemen, je persoonlijke bodyguard. Allemaal dingen waar het ego goed in is. Een ego is dan ook helemaal niet iets waar je van af moet willen; het heeft een functie.

De hele dag door hebben wij ervaringen. We kijken naar de wereld om ons heen en vinden daar iets van. Een mooi voorbeeld in deze tijd is het krijgen van feedback op het werk. Iemand gaat iets zeggen over jou en jouw manier van werken. Dat is niet zo'n probleem totdat er iets gezegd wordt dat minder positief is. Een 'werkpuntje'. Het ego gaat daarmee aan de slag. De woorden worden gefilterd, bekeken, vertaald en er volgt een gevoel daarover. Niemand vindt het echt fijn om minder positieve dingen te horen, maar de reactie die je erop hebt wordt door het ego gevormd.

Het ego is verantwoordelijk voor de manier waarop je over jezelf denkt. Als je niet zo stevig in je schoenen staat of onzeker bent over iets en je krijgt 'werkpuntjes' voorgeschoteld, dan volgt daar een emotie op. Dat kunnen verschillende emoties zijn. Boosheid, verdriet, teleurstellin of in het ergste geval de neiging tot terugslaan...

Je zou dus kunnen stellen dat we zelf verantwoordelijk zijn voor ons gedrag of onze reactie op bijvoorbeeld feedback. In de afgelopen jaren ben ik daar mee gaan oefenen. Mijn ego had daar eerst veel moeite mee. "Ja maar, die man zei nare dingen over mij en de woorden zijn van hem", sprak Betty wel eens. "Dus nu moet ik accepteren dat ik verantwoordelijk ben voor wat HIJ zegt?"

Ik kon toen nog niet vatten dat de woorden die iemand uitspreekt alleen maar zeer kunnen doen, als ik ze zelf pijn laat doen. Als ik de mening van een ander als DE waarheid aanneem.

Ben ik overtuigd van mijn eigen kunnen en heb ik een goed gevoel over mezelf, dan zullen woorden van een ander mij niet zo gauw raken.

Op de dag dat ik besefte dat het ego soms wel erg veel invloed had op wat ik zei en deed, begon mijn avontuur met Betty; een langdurige ontdekkingsreis in kijken naar mezelf en een poging om mijzelf te ontwikkelen.

Omdat ik zelfhulpboeken zo onderhand zat was geworden en me toch niet hield aan alle goed bedoelde adviezen en stappenplannen, ben ik feitelijk het gesprek met mijn ego aan gegaan in de vorm van het poppetje.

Een manier om even van een afstandje naar mijn eigen worstelingen in het leven te kijken en te zien wat ik deed en vooral waar het vandaan kwam. Het grootste antwoord op waar het vandaan komt is eigenlijk maar een woord: bestaansrecht. Er mogen zijn.

"Waarom heb je eigenlijk Betty Boop gekozen?" vraagt de kennis. "Je hebt toch geen zwart haar en jouw figuur is ook niet echt een zandlopertje." Ik schiet in de lach. "Kijk, je noemt nu precies waar het om gaat." "Ik ben niet mijn ego, mijn Betty, dus daarom mag ze er ook anders uitzien." Betty is gekozen vanwege het diva uiterlijk. Zo ervaar ik het als ik in een emotie schiet. Het voelt als een verongelijkt dametje dat pruilt en haar zin niet krijgt. Een dame die vindt dat ze recht heeft op aandacht en wel de onverdeelde aandacht, en wel nu. Het uiterlijk van Betty heeft dus alles te maken met de emoties en niet zozeer met mij als persoon.

"En je praat ook met die Betty van jou?" De kennis raakt maar niet uitgevraagd over mijn egootje. "Nou ik ervaar dat niet als hardop praten met haar, hoor." Betty is een manier om te zien dat ik emoties heb. Mijn omgeving vindt haar zo onderhand wel erg handig. In plaats van te vragen naar mogelijke maandelijkse perikelen, wordt Betty aangehaald.

Het hele idee van het poppetje maakt het voor mij in ieder geval een stuk luchtiger om mijn eigen reacties op mensen te bekijken en daarvan te leren.

Het ego is over het algemeen een onderdeel dat ons wil behoeden voor dingen. Voor gevaar, veranderingen die grote schommelingen met zich meebrengen, voor mensen die ons niet erkennen, voor situaties waarin we niet krijgen waar we recht op zouden hebben…

Je zou het bijna een kinderlijk onderdeel van de mens kunnen noemen. Jaloezie, hebzucht, wraak, het zit allemaal in dat onderdeel ingebakken.

"Waarom wil je er in hemelsnaam een boek over schrijven?" "Je laat allerlei dingen van jezelf zien die niet zo mooi zijn en waar je later op teruggepakt zou kunnen worden." "Ben je uit op totale sociale eenzaamheid of zo?" vraagt de kennis bezorgd.

"Kijk, zeg ik, mensen zullen altijd iets van mij vinden, wat ik ook zeg of doe." "Hoe ze dit boek zullen lezen, kan ik niet voorspellen." Natuurlijk heeft mijn Betty daar een gevoel over. Je zou haar eens moeten horen. Ze stelt dezelfde vragen als jij hoor. Alleen… als ik altijd naar mij ego zou luisteren, zou ik nooit meer iets spontaans kunnen doen, mijn creativiteit opbergen op zolder en vooral gedrag vertonen dat lijkt op de rest van de maatschappij. Dat voelt niet zo heel fijn. Ik laat inderdaad veel van mezelf zien, dat klopt. De schaduwkant van de mens, de lelijke kant, de persoon die je bent als niemand zou kijken.

Gelukkig weet ik dat we allemaal zo'n klein wezentje hebben, ja echt wel; iedereen, en ontkennen mag! Maar ik weet beter. Ik denk dat kwetsbaar zijn ook heel krachtig kan overkomen. Daarnaast zal het willen behagen of het in de smaak vallen bij de gehele mensheid nooit een haalbaar doel worden, dus daar begin ik dan ook maar niet aan.

"Wat wil je dan met je boek bereiken?" vraagt de kennis. "Heb je het poppetje al voor je nu?" vraag ik plagend. "Uhm, nee" was zijn antwoord. "Lastig hè."

Ik wil de wereld graag inspireren. Inspireren is voor mij dingen delen waar je zelf iets aan had en het vervolgens op tafel gooien bij de medemens. Die mag er vervolgens mee doen wat hij/zij wil. Ik heb de wijsheid niet in pacht, ben geen universitair geschoolde professor in de egologie, maar een proefkonijn van een eigen onderzoek naar de werking van het ego.

Er zijn al zo veel zelfhulpboeken geschreven, dat ik dacht er maar eens iets anders van te maken. Een inspiratieboek. Of je jezelf wilt helpen, mag je helemaal zelf weten. Je kunt namelijk niets voorkauwen. Als iemand het nut van een eventuele verandering niet ziet, zal het project niet lukken. Wat het voordeel van mijn boek zal zijn?

Misschien dat mensen door wat inzicht in het ego situaties sommige makkelijker zullen ervaren.

Ik weet dat mijn Betty voor mij een heel handig hulpmiddel is om mezelf te monitoren. Het lukt niet altijd om er boven te gaan staan, maar vaak wel na een korte adempauze. Waar ik voorheen nog met een complete vechtuitrusting in de aanval ging, laat ik het nu even gaan en parkeer het verhaal tijdelijk. Dat heeft als voordeel dat de emotie weer wat afneemt en je met heldere blik naar het verhaal kunt kijken.

"Wat vinden anderen in jouw directe omgeving eigenlijk van Betty?" vraagt de kennis. "Nou over het algemeen wordt het als iets grappigs gezien en is het voor mijn directe omgeving een manier om mij te wijzen op een bui waarin ik zit." Het maakt het makkelijker om te zeggen: "Goh, is Betty wakker?" dan een verwijt naar mij te gooien over iets wat ik zou doen.

"Is Betty niet een heel handige manier om niet voor jouw eigen gedrag verantwoordelijk te zijn?" "Je kunt altijd zeggen; tja, Betty was wakker, maar Betty is wel een onderdeel van jou." "Ja, daar heb je helemaal gelijk in, Betty is een onderdeel van mij." "Ik loop echter niet weg voor het feit dat ik emoties heb en dingen roep of zeg."

"Hoe begin je eigenlijk een boek?" vraagt de kennis. "Als ik het zou proberen, zou ik niet weten hoe ik dingen in hoofdstukken moet gieten." "Weet je, ik wil al heel lang een boek schrijven en eerlijk gezegd, had ik geen flauw idee hoe dat aan te pakken." Als je een Betty hebt die over je schouder meekijkt, is de uitdaging nog groter, kan ik je melden. Het ego is een meester in twijfelen aan het eigen kunnen. Daar had ik al ervaring mee bij het schrijven van de blogs, maar een volledig boek schrijven, is toch wel een ander verhaal.

Ik heb veel korte verhaaltjes geschreven over Betty en er was altijd een thema. Ik ben gaan denken over wat ik in het boek wilde hebben en maakte een lijstje van waar ik door mijn Betty veel van heb geleerd in de afgelopen tien jaar. Van die onderwerpen maakte ik een hoofdstuk, compleet met het avontuur dat we beleefden.

"Hoe past Betty in een relatie?" "Ik bedoel, hoe verklaar je het feit dat je met een klein poppetje in je hoofd rondloopt aan een date?" "Geweldige vraag!" roep ik uit. "Laat me je vertellen dat mijn vriendje een eigen poppetje heeft." "Je denkt toch zeker niet dat ik zou gaan voor iemand die niet ook een ego poppetje heeft kunnen bedenken?"

Ik denk dat het een relatie meer open en eerlijk kan maken, door gebruik te maken van de poppetjes en zo te erkennen dat je een ego hebt en je bewust zijn van jouw eigen emoties en het gedrag. Maar... ik ga niet meer verklappen, lees je wel in het boek...

Hoofdstuk 2 De top 10

En dan heb je een Betty tot leven gewekt… en dan? Wat kun je daar dan mee? Tja, goede vraag!

Mijn leven werd er in eerste instantie veel complexer door. Je niet bewust zijn van het ego lijkt veel makkelijker, want ineens is daar dat poppetje en bekijk je jezelf van een afstandje. Je ziet wat je allemaal uitspookt. Dat is niet altijd even leuk, kan ik melden. Zelfs ronduit confronterend soms.

Betty liet een mix zien van wat een ego zoal doet.

Het veroordeelt, is ontevreden, zoekt naar vervulling, wil de baas zijn en zegt dingen die je achteraf vaak beter niet had kunnen zeggen. Betty is een aaneenschakeling van gevoelens en overtuigingen. Ik heb er maar eens een top 10 op losgelaten.

BETTY'S TOP 10

ONGEDULD

EISEND

BOOS

BANG

ZELFMEDELIJDEN

WIL ZEKERHEID

DOL OP AANDACHT

VEROORDEELT

WIL GELIJK HEBBEN

HOUDT GEEN REKENING MET ANDEREN

Je zou zeggen; weg ermee! Weg met dat ego als het zoveel narigheid veroorzaakt. Je wilt toch eigenlijk alleen maar de leukste, mooiste en beste persoon zijn die er is? Ja. Alleen is Betty niet alleen maar lelijk; ze heeft ook voordelen.

Neem het tot stand komen van dit boek. Betty vond er van alles van en gooide onzekerheid met kilo's in de strijd. "Het is eng… een boek schrijven. Dan geven we onszelf bloot. Brr." Maar gek genoeg, na een gesprek met een bijzondere coach die mensen de passie in zichzelf laat onderzoeken, was het Betty die daarna ten strijde trok: "Kom op, aan het werk, we gaan de wereld een poepje laten ruiken!" riep ze kordaat en getriggerd door zelfvertrouwen om het te gaan waarmaken.

Het ego is dus niet alleen maar 'slecht'. Het helpt je ook om door te zetten als je wordt uitgedaagd. Het zorgt voor een gevoel van 'het zal me lukken ook'. Het is een bundeling krachten die zowel voor goed als voor 'kwaad' ingezet kan worden. Immers heeft alles een schaduwzijde.

Dus wat je negatief kunt inzetten, kan ook een positieve, versterkende kracht zijn.

Van alle lelijke kanten in het ego, zijn er dus ook tegenhangers te vinden die nuttig zijn.

BETTY'S TOP 10

ONAFHANKELIJK

ZELFVERTROUWEN

MOED

TROTS

VOELT ZICH VEILIG

ZELFWAARDERING

NEEMT DE TIJD

DOORZETTINGSVERMOGEN

WEET WAT ZE WIL

HOUDT REKENING MET ZICHZELF

Na mijn Betty-ontdekking leek het of ik een bootcamp ingelopen was met maar één doel: het omdraaien van gedachten. Dat viel niet mee. De zorgvuldige opgebouwde ideeën en overtuigingen van ruim veertig jaar waren nog zo actief.

Het hielp om er stukjes over te schrijven voor mijn vrienden. Ik deelde met hen van wat zoal ik zag van mijn Betty, inclusief alle lelijke kanten. Alsof een cameraploeg van Big Brother me dagelijks volgde en ik 's avonds terug kon kijken wat ik nu allemaal weer had aangericht! Gelukkig kon ik er na het lezen van mijn eigen verhaal vaak erg om lachen. Humor is een grote relativerende factor.

Een bijkomend effect van het leren kennen van het ego, is dat je het bij anderen ook gaat zien. Betty kwam al gauw 'vriendjes' tegen. De ego's van andere mensen leken ineens als paddenstoelen uit de grond te schieten en dat leverde leuke aanvaringen op, vooral omdat Betty het nodig vond om haar visie aan anderen te verkondigen. Het 'ja, maar jij hebt ook een ego-verhaal' viel vaak echter niet zo goed bij mijn medemens.

Niet iedereen had zin om een poppetje te kiezen en aan zelfreflectie te doen. Het ironische was, dat ik zelf zo'n hekel had aan de betweters, de wereldverbeteraars.

"Ben jij gelukkig?" vroeg een kennis mij op een goede dag. "Ja", zei ik. Zijn reactie was: "Dat kan nooit." "Waarom kan dat niet?" "Nou... kijk eens naar je leven..." Er volgde een opsomming van wat ik allemaal niet had en hoe moeilijk mijn leven was. Betty was inmiddels op de punt van haar bankje in mijn hoofd gaan zitten. Het leek alsof er een 'vijand' aan het ontstaan was. Want ja, anderen analyseren is Betty's werk en daar wil zij vooral zelf niet aan onderworpen worden. Ik keek hem aan en zei: "Dat klopt, maar geluk is een momentopname. Er zit in een dag altijd wel een momentje waarop ik blij ben."

Het gesprek ging nog even verder en mijn gesprekspartner werd met de minuut strijdlustiger (en Betty stond nu rechtop karatehoudingen te oefenen). "Dus jij wilt beweren dat ikzelf verantwoordelijk ben voor mijn gevoel?" Betty had in haar 'ik weet alles al heel goed in het leven bui' aangegeven dat mensen elkaar niet kunnen raken, tenzij ze daar zelf toestemming voor geven. Die uitspraak viel niet best bij mijn gesprekspartner.

O jee, Betty had weer eens een halve oorlog veroorzaakt door haar zucht naar het delen van kennis. Dat was niet handig. Het volgende moment ging het gesprek over verwachtingen hebben. "Verwachtingen leiden over het algemeen tot teleurstellingen..." hoor ik mezelf zeggen. Dat was de druppel. Mijn gesprekspartner ging los. "Er zijn in het leven normen en waarden, weet je! Het is vrij normaal dat ik verwacht dat jij dingen doet die volgens de maatschappij als beleefd of correct worden aangenomen. Ik mag daar dus niets van zeggen als je daarvan afwijkt?" Mezelf verwensend dat Betty in de 'alwetende' rol was geschoten, probeer ik voorzichtig uit te leggen, dat je het heus mag verwachten. Alleen als iemand niet doet wat jij wilt, dan is de teleurstelling van jou. Wat je met het gedrag van andere mensen doet, de reactie daarop dus, is een keuze.

De kennis was woest. Hoe kon ik zoiets beweren? Betty was klaar om bommen en granaten te gaan gooien. Ik besloot dat het tijd was de strijd te stoppen. "Misschien heb je wel gelijk..." probeerde ik voorzichtig. Dat had ik beter niet kunnen zeggen. "O, dus nu ga je mij gewoon gelijk geven? Nee, dat is te makkelijk. Dat is door de brievenbus plassen bij iemand en dan hard weglopen. Dapper hoor!" Op dat moment moest ik alle moeite doen om Betty binnen te houden. Ik werd getriggerd op het hoogste niveau. "Weet je, ik vind dit niet zo'n fijne manier om met elkaar te communiceren. Ik snap dat je boos bent over mijn denkwijze, maar ik ga verder niet meer in discussie op dit moment", bracht ik met mijn laatste beetje zelfbeheersing nog uit. Ik draaide me om en liep weg. Soms is het beter de oorlog te verlaten.

Het heeft nog een tijdje geduurd voordat ik Betty onder controle had als het ging om het delen van levenslessen. Ze maakte niet echt vrienden op deze manier.

Hoofdstuk 3 Arme-ik-feestje

In mijn arme-ik periode leek iedereen meer geld te hebben, een mooier huis en... een relatie die succesvol leek. Mijn focus (en die van Betty) lag vooral op wat wij NIET hadden. Wat je aandacht geeft, schijnt groter te worden, dus het gevolg was dat er alleen maar minder kwam van wat ik zo graag wilde hebben.

Voordat ik Betty goed kende kreeg zij vaak ruimte om de rol van 'arme-ik' te spelen. Ze was overtuigd dat de wereld koud en gemeen was en zij voortdurend het slachtoffer van die wereld.

Betty vond zichzelf ontzettend zielig, want het lukte niet zo met het rondlopen op de vrijgezellenmarkt. Het probleem met deze rol is, dat het niet stopt. Het heeft een zelf vervullend karakter. De arme-ikker die Betty uithing maakte dat er tralies om ons liefdesleven stonden en we niet aantrekkelijk waren door de rol van Betty. We hadden er geen benul dat we dat zelf hadden gedaan. Nee, mannen de schuld geven was veel makkelijker. Mannen deugden niet.

De oplossing lag erg dichtbij, het veranderen van het denkpatroon over de situatie. Maar Betty had nog niet zo'n zin om mee te werken. De Amerikanen hebben er een geweldig woord voor. De 'pity party". Het is een heel eenzaam feestje, voor slechts één persoon. Jij!

De belastingdienst leek mijn brievenbus als favoriet plekje te kiezen voor aanslagen en mijn poging om een bedrijf te blijven runnen mislukten jammerlijk. Dat een deel van de oorzaak daarvan aan mijn denkwijze lag... Nee... dat was niet zo.

Hoe vaak zat mijn Betty in de binnenkant van mijn hoofd wel niet op de pluchen bankjes in haar kamertje met panorama-view te zuchten, kijkend naar alle anderen die alles WEL hebben leken te leven.

Had ik maar eerder geweten dat mijn succes afhankelijk was van het sprookje dat Betty leek te schrijven. "Er was eens niet..." Hele boekdelen kon ze oplepelen, vol met drama en tranen. Wat hadden we bereikt? Veertig jaar oud, een bedrijf dat op leven na dood was, geen uitzicht op inkomsten, een dak boven ons hoofd, maar ja voor hoe lang... Paniek kwam er ook nog bij... Wat als we dakloos zouden worden? Het werd een hele treurgang.

Op die momenten, als ze op haar ergst was, kon ik alleen maar zitten en even diep ademhalen. Heel diep ademhalen.

Gek genoeg, als ik dat een tijdje deed, kalmeerde ze. En floep, dan kreeg ik een idee... het wondertje waar we op hoopten leek ineens binnen handbereik. Ergens kwam een geldstroompje langzaam op gang en konden we weer wonen.

Natuurlijk vond ze daar ook weer het nodige van. "Het is geen structurele oplossing!" "Hoe moet dat straks?" Op die momenten dacht ik: 'Hou toch eens je kop mens!'

De nodige zelfhulpboeken pronkten in de kast. Eén van de boeken waar ik veel aan had, was de kunst om je gedachten om te keren. Het vergde wel wat moeite, omdat mijn lieflijk ego altijd mee zat te denken over het denken, maar één van de oefeningen was bijvoorbeeld de spiegeloefening.

Ga voor de spiegel staan en kijk jezelf aan. Dat was al een dingetje. Confronterend! Jezelf aan staan kijken. De volgende horde. Zeg tegen jezelf dat je leuk bent. Dat was te veel voor Betty. "Ja, hallo zeg, dat is maf. Dat gaan we toch niet doen? Het is prima als we aandacht en erkenning van anderen krijgen, want die hebben kennis van zaken. We gaan toch niet onszelf de hemel in staan prijzen voor een spiegel, houd toch op zeg!"

Dat ging dus niet lukken zo, met een Betty in weerstand aan mijn zijde. Zucht. Creatief als ik ben, begon ik het daarom op een andere manier te oefenen. Ik gebruikte de wereld als de spiegel.

De verhaaltjes die ik schreef op een site voor vrienden waren al een begin. Daarin vertelde ik gewoon hoe ik was met al mijn kwetsbare kanten. Een verslag van mijn ontdekkingsreis van mijzelf, zeg maar. De reacties daarop waren positief en mensen deelden hoe zij worstelden met dezelfde zaken.

Van jezelf gaan zeggen dat je leuk bent, moest ik op een andere manier oplossen. Zo begon ik tegen mensen te zeggen: "Goh, ik stond vanochtend op en ik vond mezelf zo aardig", met een enorme grijns erbij. De reacties waren geweldig. Mensen moesten er enorm om lachen en zeiden: "Ja?" "Wat geweldig, zeg." Het was natuurlijk een beetje vals spelen, want ik haalde nog steeds de bevestiging van mijn leuk zijn uit de reacties van anderen.

Maar na een tijdje, ging ik er zelf ook in geloven. Ik was leuk. Soms. (Tja, het was nog niet helemaal gesneden koek.)

Het leek alsof het arme-ik-rolletje vervullen grotendeels te maken had met hoe ik over mezelf dacht. Zelfwaardering, van jezelf houden, eigenwaarde... allemaal elementen die niet in grote hoeveelheden in mij zaten.

Ik las eens ergens dat het eenentwintig dagen duurt voordat iets een gewoonte is, maar het duurde wel iets langer voordat mezelf leuk vinden een gewoonte werd.

Inmiddels had ik de geldsituatie een beetje opgelost en daarmee ook mijn woonplek veilig gesteld. Dan nog het laatste onderwerp waar Betty zo vol van was; de leuke relatie.

Opgegroeid met de Bouquetreeks in mijn puberhanden, was mijn beeld van het hebben van een relatie redelijk roze gekleurd. Natuurlijk zag ik wel in dat in die boekjes werd overdreven. Een mooie vrouw die een nog mooiere man ontmoet en er vervolgens gemiddeld zo'n honderd bladzijden voor nodig hebben om elkaar eindelijk vinden. Maar ja, het voelde zo lekker, het lezen van romantiek. Het gaf zo'n gevoel van 'oh dat wil ik ook!'.

De realiteit was iets minder rooskleurig en ik leek wel een complete encyclopedie voor nodig te hebben om uiteindelijk mijn prins op het witte paard te treffen en er mee te trouwen. 'Tot de dood ons scheidt', hebben we niet gehaald; we kwamen iets eerder aan bij het einde.

Zo stond ik zo rond de veertig weer in het leven zonder relatiestatus.

Op een dag zat ik nietsvermoedend achter mijn computer en werd mijn oog getrokken naar een vierkant blokje met reclame voor Relatie Planet. Mijn nieuwsgierigheid deed mijn vinger naar het knopje gaan en klikken. Welkom in de wereld van Realatie Planet... Gratis gratis gratis... nou dan maar eens kijken wie er op deze planeet wonen.

Natuurlijk was er niet zo maar van alles gratis... Je moest ten eerste even van alles invullen en dan mocht je gluren. Ik zat met open mond. Ik was toen nog van het naïeve ras hoor. Het leek wel de Wehkamp, de Neckermann en de Otto-gids bij elkaar maar in dit geval gevuld met mannen. Er maakte zich iets van mij meester, iets waar ik normaal niet zo achter sta.

Betty, keek vanuit haar torenkamertje met een vies gezicht toe. "Doorklikken! Doorklikken!" riep ze met een oorverdovend schel stemmetje. "Jammer voor je." "Nee die niet!" "Die niet, die niet en oh die zeker niet!" Ik was eigenlijk geschokt over mijn eigen gedrag. Ik, die het oordelen eigenlijk niet vind kunnen. Een boek moet je niet beoordelen op basis van het plaatje dat er op de voorkant staat, maar op woorden die er in staan.

Dezelfde 'ik' die dat altijd vol overgave kenbaar maakte, die ik, bladerde en bladerde door een wereld van mannen die zich op de meest aparte manieren presenteerden. Soms met foto, soms zonder. Soms met heel veel woorden (om eigenlijk alleen maar te zeggen: "Ik wil liefde in mijn leven"), soms met heel weinig woorden: "Later!" schreef er eentje. Ik lag in een deuk. Heerlijk, kort maar krachtig en zo arrogant eigenlijk. Oeps... we waren weer aan het oordelen.

Nog geen paar minuten op deze planeet, zag ik ergens iets omhoog komen. Een foto en een mededeling dat iemand mij iets te melden had. 'Huuuh?' Ik was natuurlijk zó niet thuis in de omgangsvormen op deze planeet en wist niet hoe dit werkte. Nou vertel het maar, dacht ik dan en klikte op het uitgeklapte schermpje.

Betty riep: "Ieeeeuwwwww, jakkie!" Ik schrok eigenlijk van de lege ogen die mij vanaf de foto aanstaarden en voelde afkeer. Meteen bedacht ik dat dit niet aardig was, maar ik drukte eigenlijk op het knopje WIS omdat ik ook niet wist wat ik er mee moest. Het was wat hoor op die planeet. Ik bleef me verbazen over de mogelijkheden. Je kon van alles instellen. Hoe wilt u hem hebben mevrouwtje: groot, klein, dik, dun welke kleur ogen had u er op gewild en zelfs het sterrenbeeld was instelbaar. Ik hield het bijna niet meer. Het was toch niet te geloven!

Uiteindelijk stelde ik wat in en keek vervolgens wat er gebeurde... Ploeing! 362 planeetbewoners waren te bezichtigen. Nou...ik pakte maar even koffie, want dit ging wel even duren. Ik was soms ook wel onder de indruk van wat er door de planeetbewoners was neergezet. Mijn naïef zijn was weldra over...

De bewoners van de planeet waren niet bijzonder charmant en over het algemeen was een van de hoofddoelen niet 'lang en gelukkig', maar eerder 'kort en geen gezeur'. Een groot percentage van de bewoners bleek al een bewoonster op de bank te hebben en probeerde de ontbrekende onderdelen van de relatie elders te vinden... Net als ik waren de bewoners ook erg kritisch in de fysieke beoordeling en staken hun voorkeuren/eisen niet onder stoelen of banken.

De relatieplaneet bleek iets te buitenaards voor mij en mijn egootje.

Het gevoel iemand te willen 'hebben' bleef. Het alleen zijn vond ik erg lastig en dat maakte dat ik weer een poging deed om aan het zoveelste deel van de encyclopedie te beginnen.

In de rij van ontmoetingen met de bewoners van de andere planeet kwam ik samen met Betty regelmatig andere egootjes tegen. Dat leverde vaak bijzondere situaties op.

Eén van de ontmoetingen was met een man die het systeem van Betty begreep. Betty was helemaal enthousiast. De ontmoeting met een ander egootje (we noemen hem voor het gemak even Hans) was leuk. Maar het feit dat iemand zich bewust is van het bezitten van een ego, hield nog niet in dat het allemaal rozengeur en maneschijn was. Hans was op visite en Betty vond dat op zich prima. Maaaarrrr… Hans had een trekje en dat was Betty al een keer tegen gekomen. Toen had ze het laten gaan, maar nu…

Situatieschets. Hans stond bij de koelkast (op zich een onschuldig huishoudelijk apparaat, zou je zeggen). Hij trok de deur open en sprak de volgende woorden: "Zeg, je moet bananen niet in de koelkast bewaren, dan gaan ze rotten." Een schijn baar onschuldige opmerking. Betty zag echter het gezicht erbij en hoorde het toontje aan. Een gezicht alsof hij werd geconfronteerd met een niet doorgetrokken wc pot en een stem doordrenkt met afkeer. Betty liep naar de koelkast keek en voelde een vlaag rebelisme omhoogkomen. Ze haalde adem en zei: "Het zijn MIJN bananen, in MIJN koelkast."

Hans liet zich niet zo makkelijk imponeren door Betty en vervolgde: "Ja dat kan wel zijn, maar ik heb in een supermarkt gewerkt en ik weet dat het slecht is voor bananen." Betty hapte naar adem, pakte de bananen uit de koelkast, kwakte ze op een bord op het aanrecht, draaide zich om en liep weg met een rookpluim van pissigheid uit haar oren. Bij het weglopen hoorde ze nog : "De cola is op."

Hans ging op de bank zitten en keek tv. Betty liep langs. "Is er iets?" vroeg Hans. "Nee hoor", zei Betty, maar nog geen seconde later riep ze: "ER IS WEL IETS! Ik wil mijn bananen gewoon in de koelkast kunnen leggen als ik dat wil. En de cola is op JA."

De rest van de avond keek Hans tv. Betty zat achter de pc en bedacht: 'Dit is déejàa-vu. Dit moet leuk zijn? Dit is als je elkaar net kent? En waarom staat die tv überhaupt aan? En waarom zit daar iemand op de bank die eruit ziet alsof hij hier al jaren woont? En waarom bemoeit hij zich met de bananen? En waarom heeft hij zo'n houding als iets niet naar zijn zin is? Wat doet ie hier eigenlijk?' Betty was in alle staten.

Door Betty ontdekte ik dat ik mijn vrijheid wel erg prettig vond. Het incident met de bananen en de cola deed me bedenken dat ik op dat moment geen rekening wilde houden met iemand. Ik kon door ego Hans niet meer vrijelijk doen en laten wat ik wilde. Het voelde als een camera met ingebouwde en vooral ongewenste feedback en daar was Betty niet zo blij mee.

Het is natuurlijk een aparte situatie zoals die hier was ontstaan. Iemand die zich zo met het reilen en zeilen van iemands huishouden bemoeit. Dat doet iemand normaal niet zo gauw. Ik in ieder geval niet. Als iemand iets doet waarvan ik weet dat het slecht is voor hem of haar, dan zal ik hooguit vragen waarom ze het zo doen, maar niet op een toontje er iets van zeggen. Natuurlijk had ik het ook anders kunnen laten binnenkomen, de opmerking van de bananen. Maar helaas, Betty won het van mij. Ze ging verdedigen en maakte dat ik het benauwd kreeg dat iemand zich zo thuis voelde in MIJN huis. Een mooie les.

Hans heeft het verder niet gered. Betty was too much voor hem. Toen Betty hem van MSN afhaalde om even wat afstand te scheppen, ging Hans stuiteren. Ik bood excuses aan voor mijn ego Betty, maar Hans… die was nog niet klaar met mokken. Die ging nog even verder. Toen was het klaar. Betty's vingertje ging naar 'Blokkeer deze contactpersoon'. Sorry Hans, maar de kleuterschool is al wat jaren terug. Daar was Betty klaar mee.

Het onderzoeken van liefde was een heel karwei. Een vriendin stelde eens voor een lijst te maken met alle eigenschappen die een nieuwe partner zou moeten hebben. Nou, drie keer raden wie hard naar papier en pen zocht om te starten. Juist ja. Betty. Dagen was ze druk met de lijst. Geen enkel detail moest worden overgeslagen. Het voelde als een bouwpakket waarbij alle onderdelen in losse zakjes werden gedaan om daarna een perfect model te kunnen fabriceren.

Opvallend bij de lijst was, dat het ego heel vaak dingen uitzoekt vanuit een archief met minder leuke ervaringen. Het 'oh –dat- nooit- meer -verhaal'. We hadden al ontdekt dat een man met een sterk ego-gevoel niet ons kopje thee was. De ervaring met een zweverig typje was leuk, maar Betty veegde de vloer met hem aan. De bewustwordingsfanaat die ons als een project zag waar hij aan kon sleutelen, had ook niet helemaal de beoogde uitwerking. Betty rilt nog bij het horen van de naam. Ikzelf ben blij met de ervaringen, omdat het meemaken van dingen die je niet leuk vindt, je dichterbij brengen bij wat je wél wilt.

Het ego heeft in de zoektocht naar liefde ook een beschermende functie. In mijn geval bewaakte Betty regelmatig de grenzen. Ze was de bodyguard bij de deur en de detective naar minder goede bedoelingen, de kleine feeks die vooral getrouwde mannen even heel fijntjes uitlegde dat Betty 365 dagen per jaar een charmant wezentje was en niet alleen op de bij hem inplanbare momenten, als vrouwlief waarop Zumba zat en hij er even tussenuit kon.

Natuurlijk stonk ik er ook in. De mooie woorden van een man die achteraf hele andere bedoelingen had. Ja, dan is het even slikken en je dom voelen. Betty had daar een ritueeltje voor. Eerst de pijn van het belazerd worden, daarna de afstraffing voor het niet inzien van de oplichting en daarna de nagels uitsteken om wraak te willen, om dan langzaam af te koelen en nog alerter te zijn naar mannen toe.

Het was een bijzondere reis, het afleggen van het arme-ik-feestje. Alle moeilijke momenten droegen er wel aan bij dat ik steeds meer doorkreeg dat ik zelf ook nog wat te zeggen/denken had en Betty soms ook even haar charmante snuitje moest houden.

Hoofdstuk 4 Bange Betty

Als ik nu naar mezelf kijk en me afvraag of ik gauw bang ben… uhm nee. Ik ben wel een dapper soldaatje. Als er iets moeilijks is, ga ik er wel op af. Ook zo'n dingetje van mij en Betty. "Laten we het maar doen, dan zijn we er maar vanaf." Dat is wel eens anders geweest.

Bang zijn heeft voor mij te maken met invullen wat er zou kunnen gebeuren. Dus ook weer met gedachten over iets. Het starten van bijvoorbeeld een eigen bedrijf wordt vaak belemmerd door bang zijn. Het ego maakt allerlei gedachten waardoor we twijfelen aan het starten. Kunnen we de huur betalen als we een eigen bedrijf starten? Houden we het wel vol als ondernemer? Hoe komen we aan klanten?

De twijfel van het ego komt voort uit onzekerheid. Bang zijn en onzekerheid gaan lekker hand in hand door de negatieve gedachtenspiraal, want waar hebben we dat idee vandaan gehaald, dat we niet geweldig, leuk, interessant en vooral aantrekkelijk voor anderen zijn?

Dan moeten we volgens de psychologie terug naar onze jeugd en onze opvoeding, want ergens in de jaren van ontwikkeling is de overtuiging ontstaan dat je niet goed genoeg was. Misschien hadden zelfs onze ouders al een paar uitdagingen op dat vlak. Tja, "met de paplepel ingegoten" is geen loze uitdrukking.

Was je moeder bang voor spinnen is, dan durf ik er geld op te zetten dat de kinderen deze overtuiging moeiteloos opnemen in hun archiefjes. Onderzoeken waar je ouders moeite mee hadden is zeker de moeite waard.

Zo had ik al vrij vroeg mijn rijbewijs. Een cadeautje voor mijn examen. Daar sta je met achttien jaar met een papiertje en eigenlijk heb je er niet eens zo veel aan in een grote stad, want fietsen was toch wel de meest handige manier van jezelf verplaatsen. Maar goed, in één keer geslaagd. Hebben is hebben. Dertien jaar later... de auto voor de deur en wonen in een dorp. Dat waren de ingrediënten voor opnieuw een paar lesjes in de auto.

Ironisch genoeg had mijn moeder ook een issue met autorijden, maar dit even terzijde.

Na vijf lessen moest het wel weer kunnen. De weg op. Kind in de gordels in de Maxi Cosi op de achterbank en daar ging ik. Alles ging prima, tot ik de 'bumperklevers' in het leven ontdekte. Panisch werd ik van die mensen. Ik voelde me opgejaagd en Betty reed natuurlijk mee. "Ga naar de rechterbaan!" gilde ze. "Ze drukken door!" Ik ging door het asociale gedrag van mijn mede- weggebruikers de snelweg niet meer op. Ik hield het fijn bij secondaire weggetjes en zo reed ik weer rond.

Dat was goed blijven gaan, ware het niet dat ik op een goede dag in een naburig dorp voor een brug had stilgestaan met achter mij een busje met bouwvakkers. Bij het wegrijden had ik geen idee van de helling en - plof! - voor ik het wist reed de auto zachtjes tegen het busje aan.

Betty maakte dat ik alle situaties waarin de ervaring die we al hadden als gevaarlijk en te allen tijde te vermijden ging zien. Mijn gedrag werd aangepast door het idee dat het ons zeker weer zou overkomen en dat was doodeng. Een beperkende overtuiging was het gevolg. Geen hellingen meer voor mij.

Dat was nogal lastig omdat de wereld nu eenmaal niet plat is en je regelmatige hellingen tegenkomt. Soms ook op onverwachte momenten. Na een bezoekje aan het ziekenhuis stond ik ineens oog in oog met een verkeerspunt waar de weg stijl naar beneden ging en daarna weer omhoog en... een file voor mijn neus. Achter mij doemde een dikke vrachtwagen op. Het klamme zweet brak me uit. Ik was nooit zo gelovig, maar ik ging bidden. "Dit komt goed, dit komt goed." "Het komt allemaal goed." Ik bleef die zinnen herhalen. Wat te doen? Als ik mijn voet van de rem zou halen zou ik weer achteruit tegen de vrachtwagen zakken. Echt geoefend met de hellingproef had ik niet. Het oplaten komen van de koppeling, voet van de rem en de handrem… allemaal tegelijkertijd, dat was niet echt mijn sterke punt. Ik besloot de rij voor mij een eind te laten wegrijden, daarna mijn voet van de rem te halen en een enorme hoeveelheid gas te geven om zo te voorkomen dat ik weg zou zakken. Het lukte! Ik zat met natte plekken bij mijn oksels in de auto. Te trillen.

De angst voor snelwegen en helling werd een thema. Ik durfde niet meer, tot de dag dat ik heel graag naar een training over gedachten omdraaien wilde en daarvoor naar Zeeland moest. Ik ging van alles bedenken om maar niet zelf te hoeven rijden, maar het leek alsof de coach die ik had al mijn hulplijnen had gebeld om te zeggen dat ze niet moesten helpen. Niemand had tijd of zin. Betty was in alle staten. Ze vond het gemeen, ontwaarde overal om zich heen belemmerende complotten.

"Nou dan ga ik zelf wel, als niemand wil helpen" was mijn reactie. Als een reiziger die naar de jungle ging, bereidde ik alles voor. Water, deken, gevaren driehoek, eten, ANWB- pasje, voor als het mis ging. Toen was het zo ver. De snelweg op. Dat ging allemaal nog redelijk goed, tot ineens de dame van Tom Tom zweeg. Wat een vreselijk moment om mij te gaan negeren, mevrouw in de Tom Tom!

Ik reed op de middelste baan en daar was Betty. "Hoe moet dat nou, zo komen we nooit in Zeeland!" Ergens in de stortvloed van Betty zag ik een blauw bord met daarop: Zierikzee. Nou dan maar daarheen, dat ligt in Zeeland.

Ondertussen morrelde Betty rustig door. "Ja, allemaal leuk en aardig, maar wat als we nou de weg niet meer weten en we niet aankomen?" Mijn "Het komt allemaal goed" bleek te helpen. Dat stopte Betty niet, maar leek wel een wonder te veroorzaken. "Neem de volgende afslag" klonk het ineens. Mevrouw Tom Tom was terug! Ik telde mijn zegeningen. Wat een geluk! Topografisch gezien ben ik een ramp. Ik voel aan dat ik niet rechts moet gaan, maar ga dan toch rechts omdat links niet logisch lijkt. Ik kan niet oriënteren. De Tom-Tom was dan ook een geweldige uitkomst voor mij, als de mevrouw maar wel blijft praten.

Eenmaal bij het hotelletje stond ik naast de auto te trillen op mijn benen. Ik had wel vier provincies doorgereden! Het besef daarvan was enorm. Vier provincies! Dat is nog eens wat anders dan secundair naar je moeder rijden. Ik belde mijn coach en sprak zijn voicemail in. Als een Rocky die bovenaan de trap staat en euforie voelde, zo stond ik daar. Overwinning!

Natuurlijk had ik een hotel geboekt. Stel je toch eens voor dat je in de ochtend op de snelweg langs Rotterdam moet komen. Dat was de genadeklap voor mij en Betty. Nee… dat hadden we toch maar mooi voor elkaar.

De volgende dag was het zover. De cursus. De reden om dit avontuur aan te gaan. Hoe gek emoties kunnen werken, heb ik toen pas ervaren. Er was een voorstelrondje en naar mate de 'beurt' dichter bij mij kwam werd ik onrustiger en voor ik het wist was ik overstuur. Moet ik er even bij vertellen dat het een NLP-training (Neuro Linguïstisch

Programmeren) was waarbij oude denkpatronen worden omgebogen naar nieuwe. De trainer kwam op me af lopen en nam me mee naar het midden van de ruimte, zette me op een stoel en begon tegen me te praten. Ik hakkelde iets over snelweg, auto, eng en kon eigenlijk geen woord meer uitbrengen. De spanning van de reis kwam er wat verlaat uit.

De trainer bleef tegen me praten en ondertussen had hij mijn armen gepakt en zwiepte die op en neer. Dat was zoiets mafs, dat ik langzaam uit de emotionele bui schoot. "Kom" zei hij, "we gaan even naar buiten." Daar stond een dikke, dure auto en hij deed de deur van de bestuurderskant open. "Ga maar zitten." Ik stamelde iets over "dure auto" en "wat moet ik daarin?"

De trainer stapte aan de bijrijderskant in en achterin stapte nog een assistent in. Voor de zekerheid... legde hij uit. "Start de auto maar." "Is het een diesel?" vroeg ik benauwd. "Ja, mooi hè", zei de trainer. Betty ging op tilt. "No way dat wij in een diesel gingen rijden." "Dat gaat niet gebeuren; dat is totaal anders dan een benzine auto! En wat als ik die auto in de prak rijd, als ik überhaupt van de parkeerplek af ga komen?" "Start maar...toe maar" zei de trainer.

Hortend en stotend kwam de auto in beweging. De beide heren werden door elkaar geschud door mijn manier van rijden. Intussen was het flink gaan sneeuwen en het zicht was minimaal. Ik zat met mijn neus bijna tegen de voorruit en probeerde zo op de weg te blijven. "Zeg, hoe was eigenlijk je bevalling?" vroeg de trainer. "Mijn bevalling?" "Uhm, ja, nou..." Ik begon te vertellen. Na een kwartier zei de trainer "Besef jij je dat je al vijftien minuten in een auto rijdt waar je nooit in zou gaan rijden, in een sneeuwstorm en dat we nog heel zijn?" Ik keek hem aan en het drong toen pas tot me door. Ja, dat was zo. Ik reed, zonder brokken, in een sneeuwstorm, in een vreemde auto. Wow.

Even later zat ik aan tafel met een man. Hij stelde zich voor als (alsof ze van mijn hellingfobie afwisten) de eigenaar van een slipschool. "Meisje", zei hij, "Jij komt bij mij op les. Ik ga jou helpen. Ik beloof je dat ik jou in slechts één enkele dag van je hellingprobleem afhelp." Ik was zo blij met die belofte.

Dat de trainer een rare snuiter was, had ik al in de gaten. Maar het kon nog gekker. Na het avondeten kwam hij langs met papieren. Of de deelnemers die even wilde tekenen. Een verklaring, dat hij nergens voor aansprakelijk was. We gingen die avond iets doen en dat was nogal gevaarlijk. Ik vond het helemaal niks: niet weten wat er komt en wel gewaarschuwd zijn.

Ik liep ruimte in en er klonk een soort mumbo-jombo muziek. De lichten waren gedimd en op de grond lagen lange staven ijzer. Ik keek met grote ogen naar de staven. Wat zouden ze daarmee willen? Een gevoel van onbehagen bekroop mij en de neiging om te melden dat ik niet mee zou doen werd heel groot. De bedoeling was om de staaf op je keel te zetten, samen met een andere kandidaat aan het andere eind, dan naar elkaar toe te lopen en dan zou de staaf buigen... "Ja, tuurlijk, zie je het voor je!" zei ik.

49

Ik besloot anderen eerst maar eens hun noodlot te laten tarten voordat ik mijn leven zou wagen. Wonderbaarlijk genoeg bleven de mensen heel. Nou, dan moest ik ook maar eens kijken of ik het zou redden. Met een kloppend hart en zweet in mijn handen stond ik daar. Het koude ijzer op mijn keel bezorgde me een rilling over mijn hele lichaam. Allerlei gedachten schoten door mijn hoofd. Ik keek de andere deelnemer aan en die was er klaar voor… Hij knikte. Voor ik het wist liep ik… en wauw… het ijzer boog!

Na die oefening was ik euforisch. Ik had het gedaan! Ik was nog heel! Ik was dapper! Ik reed na dat weekeind fluitend terug in mijn auto. Totaal relaxed en overtuigd van een veilige terugreis.

Ik ben nog naar de meneer van de slipschool gegaan. Een dag vol uitdagingen. Een steile helling met water en ik aan het stuur… Eenmaal bovenaan zei ik: "Ik kan dit niet." Betty was in totale angst geschoten. "Reddingsvesten aan, 112 op sneltoets. Oh, mijn lieve hemel… we staan op een helling! Een hele grote enge helling!" De instructeur bleef rustig zitten en zei: "Tja, je kunt niet meer terug, je zult iets moeten doen." Ik deed een schietgebedje. Ik wilde de handrem niet loslaten. Ik zag me al met een noodvaart naar beneden zakken en de auto aan diggelen liggen. Ergens heb ik de moed vandaan gehaald en de handrem losgelaten. Na een uur reed ik de helling op en neer, zelfs achteruit terug naar boven.

Het overwinnen van de gedachte die Betty in mijn hoofd had opgeslagen was heerlijk. Wat een vrijheid. Hellingen

50

en snelwegen waren niet langer een probleem. De angst behoorde tot het verleden.

Natuurlijk heeft Betty nog meer in het archief waar we bang voor moeten zijn in haar beleving. Angst is 'denken dat iets waar is, maar er niet altijd bewijs voor hebben'.

Angst is over het algemeen het gebrek aan informatie, het niet weten van iets. Of het kan reageren vanuit een oude gebeurtenis zijn: een vernederende situatie, een mislukte poging om iets te doen... Het zal invloed hebben daarna. Als je het lef hebt om de gedachten die je hebt te testen op waarheid en de beer op de weg in de ogen te kijken, zal je merken dat de angst die je had grotendeels illusie was.

Hoofdstuk 5 Gedachten om op te kauwen

Betty steekt haar tong uit. "Jech." Al die tips, houd toch op." "Ik houd toch al van mezelf."

Als kenner van het jojo-effect als het gaat om afvallen, heb ik een haat-liefde verhouding gehad met eten. Ergens rond 2006 was het, dat ik er klaar mee was; klaar met het 'dik' zijn. Ik had een contract met mezelf gesloten. Een datum en een aantal kilogram, dat was het.

Om steun van mijn omgeving te krijgen heb ik dat toen eens de wereld ingegooid. "Ik ga afvallen!" daarbij ook vertellend wat de opdracht was. De reacties van de mensen om mij heen waren niet opbeurend.

Ja… zeg… ben je wel realistisch dan? Als je tien kilo in drie maanden tijd wilt halen? En wat is er mis met je? Je bent toch goed als je bent? Betty werd er doodmoe van.

Het vooraf aangegeven gebrek aan vertrouwen maakte dat Betty boos werd. Waarom kunnen mensen niet geloven in mij? Waarom twijfelen ze bij voorbaat aan mijn kunnen?

Met goede moed begon ik mijn project. De eerste week op naar Weight Watchers. Gewogen, geschrokken van de paar kilo extra die ik thuis op de weegschaal niet had, gewapend met boekjes en een peptalk huiswaarts.

Afvallen alleen was natuurlijk niet genoeg, daar kwam nog een flinke dosis beweging bij kijken. Dus daar ook maar een plan de campagne voor gemaakt. Een rooster met tijden waarop ik op de crosstrainer in het tuinhuisje zou gaan staan.

De eerste dag was even een ontnuchtering. Maar de vijf minuten die ik mijzelf had beloofd, waren er al tien, dus ik was beter dan ik dacht!

Volgens het schema van het afvalprogramma een heb ik week lang heel hard mijn best gedaan.

De grote dag van het wegen volgde, na een week! Vier ons was het resultaat. Vier ons! De andere twee dames die gelijk met mij waren begonnen hadden respectievelijk vier en drie kilo gescoord.

Betty stond te stuiteren. Zij wel! En ik, die me als een engel had gedragen moest het met een magere vier ons stellen! Hoe oneerlijk!

Het contract stond in mijn hoofd geprent en ik besloot de teleurstelling voor lief te nemen en niet op te geven. De week erna haalde ik een hele kilo! Dat was het betere werk. Het sporten ging met de dag beter.

Mijn directe omgeving vormde nog wel een grotere uitdaging dan het mij houden aan het schema van Weight Watchers. "Ach meid, één koekje kan toch geen kwaad." "Dat ene stukje taart zal ook het verschil niet maken." Dat hoorde ik als ik op een verjaardag beleefd weigerde om mijn tanden in de zelfgemaakte kwarktaart te zetten.

Mijn Betty fluisterde vanuit haar regiekamertje... "Welk deel van NEE DANK JE WEL snappen jullie niet? Zijn jullie gestuurd om mij te testen? Is het abnormaal dat ik een doel stel in mijn leven en daarom niet GEZELLIG ben als ik geen taart eet?"

Om van het gezeur af te zijn, nam ik vanaf toen heel demonstratief een plastic zakje mee met daarin vier lange vingers. (Dat was een heel snoeppunt en psychologisch bijna een vreetbui om vier koekjes tegelijkertijd te mogen eten). Als de vraag dan kwam of ik gebak wilde, haalde ik met een triomfantelijke grijns het zakje uit mijn handtas en zei: "Nee dank je, ik heb mijn eigen gebak meegebracht."

Uiteindelijk gaf mijn omgeving het op. Het werd getolereerd, maar niet van harte.

Twee weken voor de deadline was het zo ver, de tien kilo waren bereikt. Betty was in haar nopjes. Dat hadden we toch maar mooi voor elkaar.

De tweede ronde van het contract weer een datum en tien kilo. De reacties waren nog steeds niet bemoedigend. "Nou nog volhouden hè, want ja, de eerste kilo's gaan meestal wel, maar daarna krijg je een tijd van stilstaan."

Ik weet niet wat het met mensen is; kunnen ze niet blij zijn voor een ander? Een jaar later was de prestatie is geleverd; ik had het contract gehaald.

Op een dag liep ik terug van het voetbalveld waar mijn dochter speelde. Een kennis kwam me tegemoet lopen en het volgende gesprek ontstond:

"Wat heb jij gedaan?" "Ik dacht even ben je het nou of ben je het nou niet?" "Maar toen dacht ik, ja ze is het toch." Het was voor mij een standaard gesprek aan het worden. Deze gesprekken kon ik op automatische piloot voeren.

De antwoorden:
"Ja."

"Weight Watchers."
"Nee, geen moeite."
"Nee, ik ga door tot ik klaar ben."

De vragen:
"Jeetje ben jij zo afgevallen?"
"Zo, volg je een bepaald dieet?"
"Nou dat was zeker wel moeilijk?"
"Nu houd je zeker wel op hè."

Het lastigste aan het veranderen was, dat mensen ineens anders gingen reageren op hoe ik eruit zag en niet op wie ik altijd was. Betty had er moeite mee. "Oh, dus nu ben ik maatschappelijk aanvaardbaar en ineens wel interessant?" was één van de gedachten die ze had. Niet aardig, ik weet het, maar op zich wel begrijpelijk. Het maakte dat ik innerlijk ook ging veranderen. De goedaardige, zorgzame, altijd beleefde, zichzelf op de laatste plaats zettende vrouw was net als alle overtollige kilo's verdwenen.

Helaas, helaas, bleven de kilo's niet weg. Een paar jaar ontwikkeling en jezelf opnieuw ontdekken en in een overleef-modus leven leveren toch weer extra rondingen op. Ik weet dat ik het doe en ook hier is Betty weer een leuke metgezel.

Het begint met een koekje bij de koffie, want ja, in je eentje was het niet zo gezellig, dus even wat gezelligheid erbij. Als ik goed en wel zit met de koffie en het koekje, knaagt het. Hm, dat smaakte. "Ah, nog ééntje", zegt Betty.

Ik loop naar de keuken en neem er twee mee, want ik ken haar, ze zal heus nog een keer een suggestie doen.

Als we later het halve pakje leeg hebben, gaat de klaag-modus aan. "Hemeltje, een half pak koekjes, grrrr, dat is niet best voor de lijn." Vervolgens is het schuldgevoel een feit. Toch fijn als het ego eerst meehelpt aan het opeten en vervolgens gaat staan zeuren over het opeten.

Van de veertig kilo die ik er af gekregen had, zijn er weer twintig bij. Ik hoor het mijn moeder nog zeggen: "En nu volhouden." Helaas hebben moeders vaak gelijk, maar op dat moment vond ik het niet zo leuk om te horen.

Het is nu elke dag een soort spelletje met Betty. We nemen ons voor om te gaan sporten, kijken eens naar de crosstrainer die in de slaapkamer staat en gaan vervolgens eerst maar eens rustig de dag starten. Vooral geen stress, lekker ontspannen.

Voor ik het weet is het twaalf uur en ben ik geen stap dichterbij de crosstrainer geweest. Na het avondeten zucht ik dan en bedenk dat ik nog zou sporten. Eenmaal mijn kussen geraakt, neem ik me voor het morgen beter te doen.

Sinds een tijdje staat mijn fiets in de gang. Ook weer een mind game met mijn metgezel. Nu de fiets in het zicht staat, ga ik regelmatig met de fiets naar de winkel en soms ook wel de stad in. Daarvoor stond de fiets in de berging en moest ik die een heuvel opduwen. En zoals jullie weten heb ik een historie met heuvels… Dat was wel erg veel moeite, als de auto op de stoep staat en de bushalte om de hoek ligt.

Elke keer kijk ik in de spiegel en denk terug aan de tijd dat ik de veertig kilo gehaald had. Hoe blij was ik met de overwinning en met mijn nieuwe lijntje. Hoe gelukkig was ik om gewoon naar de stad te gaan en kleren te kopen. Geen grote maten bestellen online, gewoon in de winkel! Ik weet dat ik daarom weer aan de bak moet.

Het eten is een dingetje. Ik ben daar zeker niet de enige in. 'Emotie eten', wordt het zo fraai genoemd in de zelfhulpelaarij. Daar kun je iets aan doen! Ja wel! Van jezelf gaan houden. Betty steekt haar tong uit. "Jech." "Al die tips, hou toch op." "Ik hou toch al van mezelf." Betty ziet het gewoon als zwakte, het niet kunnen beheersen van de trek in zoetigheid, en ze is genadeloos in haar bevindingen.

Naar de supermarkt gaan is ook een avontuur. Ik wil wel gezonde dingen kopen, dat doe ik ook zeker, maar toch… het stukje chocola is een must. Ik ga al niet als ik trek heb, om te voorkomen dat op de boodschappenband het grootste deel van de boodschappen uit lekkere dingen bestaat.

Afvallen is eigenlijk niet zo heel erg moeilijk, als je het maar niet 'afvallen' gaat noemen; in beweging zijn is een mooie andere term. Ik weet het, het zit allemaal tussen de oortjes. Daar woont Betty. Als zij het ziet als meer bewegen en soepeler worden en we gewoon drie keer per dag eten en af en toe een koekje nemen, dan gaat het wel lukken. Ga ik ingewikkeld doen met het stappenplannen van Weight Watchers, dan gaat ze al mokken. "Zucht, gaan we weer." "Geen snoepjes, geen koekjes." "Saai!" Dat valt nog te overzien, als ze met die argumenten komt. Het is niet meer te overzien als er een tegenslag komt of we ergens door geraakt worden. Dan is het hek van de dam. Ik kan dan beter met de auto meteen even naar de supermarkt om een pakje koekjes te halen, want dan moet er even een dosis troost in voor Betty.

Natuurlijk ben ik er zelf bij. De gang naar de supermarkt maak ík. Het is alleen heel moeilijk om de negatieve gedachtestroom die Betty maakt bij een minder leuke situatie te negeren. Het lukt weleens met muziek of een vriendin bellen. Op de crosstrainer staan helpt ook, heb ik recentelijk ontdekt.

Het kost dus moeite om de gedachte die opkomt over een mindere situatie niet vast te houden, en de focus te verleggen naar een andere bezigheid, waardoor je andere prikkels krijgt.

Betty en ik zijn in onderhandeling. Ik wil best koekjes eten, maar niet omdat er iets naars gebeurt. Wel als ik zin heb om lekker te genieten. Het hele afvalverhaal, laten we wat mij betreft zijn voor wat het is en in ruil daarvoor moppert zij dan niet als ik elke dag een half uur op de crosstrainer ga staan om lekker te bewegen. Eigenlijk ook hilarisch dat je in discussie met jezelf gaat. Het is een spelletje, met Betty. Als ik het anders breng, of beter gezegd als ik zelf voor andere gedachten over de situatie kies, dan zal de weerstand afnemen.

Hoofdstuk 6 Alles onder controle Betty?

Al van jongs af aan ben ik een gestructureerd typje. Waar andere pubers hun kamerdeur amper open konden krijgen vanwege de bende die er achter lag, werd je in mijn kamer verblindt door de netheid. Ik houd ervan: overzicht. Als het om me heen netjes is, is het in mijn hoofd ook rustig. Het heeft daarnaast nog andere voordelen, zoals het altijd terug vinden van objecten, het veilig kunnen lopen in het donker en ga zo maar door.

Ergens van houden of ergens aan vasthouden zijn twee verschillende dingen. Betty is een vasthoudster. Ze is dol op netheid en dat betekent regeltjes. We leggen alles op een bepaalde plek en voorkomen dat het een bende wordt. Allemaal fijn geregeld. Het wordt pas een uitdaging als Betty andere mensen in haar domein toelaat. Want ja, wat doe je als iemand ongegeneerd neerploft en met schoenen en al op de bank gaat zitten? Met een gelukzalig snuitje zegt Truus (we noemen de vriendin voor het gemak even zo): "Hè, wat een héérlijke bank om op te relaxen." Betty voelt haar nekharen omhoog gaan en voorziet al allerlei situaties, zoals vlekken op en gaatjes in de door haar zo gekoesterde bank. Vaak weet ik dat handig op te lossen door de koffie en thee aan de eettafel te serveren, zodat Truus vanzelf met haar schoenen van de bank af komt. Zo ontwijk ik een moeilijk momentje. Ik weet dat ik er moeite mee heb, maar wil ook de ongedwongen gezelligheid gewoon kunnen laten stromen. Het voelt voor Truus ook niet prettig als ze constant moet opletten of ze geen brokken maakt in het domein van Betty.

Ik kijk soms bij andere mensen in huis en zie daar een ongedwongen sfeer. Het maakt niet uit of er vlekken op de meubels komen, je ploft maar ergens neer en het is goed. De vergelijking met het gedrag dat Betty laat zien is gauw gemaakt en daar denk ik dan soms over na.

Hoeveel regels heeft Betty eigenlijk in haar domein? De bank is er eentje. Netjes zijn dus. Omgangsregels heeft ze ook.

Neem het nieuwe fenomeen, de app. In de periode dat we nog samen op de vrijgezellenmarkt liepen, was dat wat hoor. Een mogelijke kandidaat schreef berichtjes en de tekst ervan werd letter voor letter beoordeeld. Waar Betty absoluut een punt van maakte, was het feit dat mannen zomaar midden in een gesprek drie woorden gebruikten:

ik
ga
slapen

Met open mond keek ze naar het scherm. "Pardon?" "We zitten midden in een conversatie en jij gaat naar bed?"

Ik heb wel eens aan mannen gevraagd waarom ze dat doen. Ze waren zich van geen kwaad bewust. "Ja, het is tijd om te gaan slapen, dus dan meld ik dat. Hoe moet ik dat anders doen dan?" Nou, dat wilde Betty maar wat graag uitleggen. "Kijk, je geeft aan dat je gaat slapen zo, dan klets je nog even verder en dan sluit je af." Betty vond dat pats-boem afhaken een gevalletje van Neanderthalisme. Als ik er achteraf naar terugkijk moet ik er hartelijk om lachen. Hoe haalde ze het in haar hoofd om te bepalen hoe iemand gedag zei op de app of chat? Dat is eigenlijk niet netjes. Gelukkig sprak ik ook andere dames (inclusief ego's) die ook een partner zochten en die hadden hetzelfde, dus ik waande me veilig. Geen verwijzing voor gedragstherapie nodig.

Waarom wil het ego toch zo graag controle hebben? Het willen regisseren van situaties, het willen veranderen van het gedrag van anderen. Het vooraf willen weten hoe dingen lopen. Ik kom op niets anders uit dan dat het een gevoel van veiligheid of zekerheid moet zijn.

Het is absoluut een van de minst mooie kanten van een mens, het willen domineren. Want daar lijkt het op: in controle zijn. Als je in contact wil zijn met mensen zal je ook moeten kijken naar wat de ander wil, anders kun je net zo goed alleen blijven en heb je altijd de controle. Maar het in contact zijn is juist iets wat ik zo leuk vind.

Ik moest daarom een manier vinden om met Betty om te gaan in die oneindige drang naar controle. Betty had het 'niet willen' tot een vorm van kunst verheven, als was het alleen maar om het niet willen. Waar het om ging deed er eigenlijk niet eens zo toe.

Oefenen in overgave werd een nieuw project. Oh, wat was Betty uit haar doen. "Je gaat toch niet doen wat een ander zegt." "Kom op zeg!" "Je hebt jaren lang mevrouwtje Goedbloed gespeeld, jezelf weggecijferd en dan zou je nu weer terug naar af gaan?" Daar had Betty wel een punt.

Het loslaten van dingen willen of dingen naar jouw hand zetten was wel gedoe.

Ik zal er tot vervelends toe op terugkomen in de wondere wereld met Betty, want het heeft allemaal te maken met de gedachten die je hebt.

Een van de eerste dingen die ik probeerde los te laten was zekerheid, maar niet weten wat er te gebeuren staat is niet prettig. Het liefst zouden we allemaal een glazen bol hebben om zo af en toe eens te kijken hoe het verder gaat in het leven. Maar helaas, die is er niet.

Ik las een boek over hoe je met denken dingen zou kunnen veranderen. Positief gezien dan. Nou, dat leek me wel wat. Betty pruttelde over de stapel zelfhulpboeken die op mijn boekenplank stof stonden te happen. "Zeg.. dit is zelfhulpboek nummer... hoeveel? Help me even, ik ben de tel kwijt geraakt zo onderhand!" Betty negerend begon ik vol goede moed. The Secret, stap 1. Bedenk wat je graag wilt. Nou, dat was niet zo'n punt. We wilden een baan waarmee we goed zouden verdienen, met leuke collega's, niet te ver van huis, waar we ook nog genoeg te doen zouden hebben. Stap 2. Zie het voor je. Nou ook dat was niet zo'n probleem. Ik zag mezelf al voor me zingend onder de douche in de ochtend, een broodje smeren, opgewekt naar mijn werk vertrekken en een heerlijke dag hebben. Stap 3. Laat het los. Ja, poeh… dat is handig. Niet dus! Je mag je eerst helemaal verlekkeren aan wat je wilt en dan mag je er niet meer mee bemoeien? Betty vond het suf.

Dat 'niet meer mee bemoeien' was uitgevonden met een reden. Als je er te veel over nadacht en aan de uitkomst zou twijfelen, dan lukte het niet. Dat bleek ook zo te zijn. Natuurlijk wilde Betty wel graag in drievoud zwart-op-wit dat het ook zou gebeuren, die toverformule van 'het geheim'. Elke keer als we een baan niet kregen klonk er het valse stemmetje van Betty, die even fijntjes benadrukte dat het toch grote onzin was. Dat het ego voor de twijfel zorgt, heb ik maar even niet met haar gedeeld.

Hoe laat je dan los, als het ego zo graag wil vasthouden? Als het ego nog zo graag een vinger in de pap wil en alleen gelooft wat zichtbaar is. Dat lukt alleen als je iets bedenkt om te willen, waar je helemaal achter kunt staan.

Wat wil je echt in je leven, waar je helemaal achter kunt staan? Een hele goede vraag. Dan mag je ook kijken naar waaróm je iets graag wilt. Ik had al vaak dingen gewild, omdat ik iets anders niet meer wilde. De reden is dan eigenlijk niet helemaal correct. Het resultaat is vaak dat je bij wijze van spreken bloemkool niet meer lekker vindt en maar voor wortels kiest, omdat die anders zouden zijn. Na een tijdje blijken de wortels ook niet zo smaakvol. Dat is dus niet de manier.

Die theorie was eigenlijk op allerlei vlakken toepasbaar. Op het willen van een relatie, op het willen van een baan, op het hebben van een leuk huis… Als je alleen maar iets wenst omdat het oude te ontvluchten, vang je bot. Dat heeft wel een hele tijd geduurd, voordat ik dat doorkreeg.

Een andere manier waarop controle lastig is voor het ego, is al er iets niet mag. Vooral dingen waar je nogal op gesteld bent, zoals gewoontes. Zo moest ik naar het ziekenhuis voor een ingreep en al lezende door de informatie over de ingreep ging mijn oog over het woordje 'nuchter' melden op de dag van de ingreep. Oh jeetje. Betty stond op en begon te grommen. "Nuchter? Pfff. We eten altijd meteen als we opstaan. Gebeurt dat niet, dan zijn wij uit ons doen, dat weet je toch? Iedere dag drie beschuitjes, met hageltjes, sapje, koffie en dan begint de dag. Oké, we willen nog wel eens een uitzondering maken door iets anders te eten, maar niet eten? Pfff!"

De datum van de operatie kwam dichterbij en gek genoeg was ik niet zenuwachtig, althans niet voor de ingreep. Wel voor het moment dat we nuchter moesten blijven. Niet eten, oh oh, dat ging wat worden. Betty herinnerde mij daar dagelijks fijntjes aan als we met smaak onze beschuitjes zaten op te peuzelen. Nog maar een paar dagen en dan mogen we niet eten, galmde het dan door mijn hoofd. Om heel moe van te worden. Ik had uitgerekend hoe laat ik nog wel mocht eten en had de wekker gezet. Ik at heel vroeg om toch het idee te hebben dat ik nog gegeten had. Eigenlijk om te gieren, hoe iets kleins als niet mogen eten zo'n effect op een mens kan hebben.

De dag van de operatie kwam. Met een zwaar gemoed zat ik af te tellen tot het tijd was. Als ik nou eenmaal daar was, dan zou het moment van wel weer eten sneller gaan. Ik weet niet of er boven mensen zitten die humor hebben, maar ik heb dus tot 's avonds niet gegeten. Ik lag uren te wachten, in mijn ziekenhuis japonnetje, tot de operatiekamer vrij was. Al die tijd nuchter. Ademen, ademen, ademen. Betty had het zwaar. Na de operatie, toen ik eenmaal weer helder was, vroeg de zuster of ik misschien al trek had. Trek? Ik heb HONGER! Laat maar komen die boterhammen, doe maar zes stuks!

Als ik terugkijk, heb ik het dus welgeteld een hele dag zonder eten uitgehouden. Het zit dus echt allemaal tussen de oortjes, dus... in de Betty kamer.

Ik mocht kort geleden mijn haar niet wassen. En ja hoor, daar ging Betty weer. "Mevrouw, wees nou verstandig en was vooral niet uw haar", hoor ik de assistente zeggen. "Dat zullen we nog wel eens zien", moppert Betty. "Stinkend haar, bah, dat wil toch niemand! En dan nog wel drie hele dagen. Oh, mijn hemeltje." Natuurlijk stond Betty de volgende dag boven de wasbak en waste alleen de pony.

De achterkant mocht niet nat worden en dat lukte heel goed.

Zo zijn er nog talloze momenten te noemen, waarop er weerstand kwam vanuit mijn egootje omdat we iets niet mochten. Ze wil graag controle houden over het leven, Betty. Patroontjes blijven volgen en vooral niet op commando iets wijzigen. Als we daar zelf het nut van inzien, dan wil het nog wel eens lukken, maar opgedragen wijzigingen... dat is me wat hoor!

Hoofdstuk 7 Wraak

"Wraak is vaak het opbiechten van pijn".

Een van de emoties die je vanuit je ego kunt hebben is de neiging tot wraak. Wanneer je meent dat jou onrecht is aangedaan, wil het ego genoegdoening. De ander moet betalen daarvoor, anders is het niet eerlijk.

Betty heeft een zwart boekje in haar kamertje. Daarin staan namen van mensen waarmee zij graag een appeltje had willen schillen. Mensen die ons naar beneden haalden, mensen die achter onze rug om dingen over ons zeiden, mensen die een mogelijke carrière verbetering verhinderden, mensen waardoor we pijn ervaarden.

Ik kan me heel goed voorstellen dat mensen op een dag een plan bedenken om bijvoorbeeld de persoon die jarenlang pestgedrag vertoonde eens een halt toe te roepen. Natuurlijk is dat niet de meest wijze keuze, maar ik snap het zeker wel.

Over het algemeen heeft Betty veel woorden, maar volgen er geen daden. Ergens is er altijd iets dat mij ervan weerhoudt om daadwerkelijk actie te ondernemen. Misschien wel het besef dat het niet echt veel oplost om iets naars te doen. De persoon die jou het onrecht aandeed zal jou niet aardig gaan vinden en het leed dat jou werd aangedaan zal ook niet verdwijnen.

Eleanor Roosevelt zei ooit dat niemand jou naar beneden kan halen, omdat jij degene bent die daar toestemming voor geeft. Dat is een ingewikkelde uitspraak, maar er zit veel in. Het vergt een goed gevoel van eigenwaarde om woorden die een ander over jou uitspreekt niet als waarheid aan te nemen. Als het je raakt, dan zal ergens in jou ook een twijfel zitten aan of je goed genoeg bent. Anders zou je het je niet kunnen schelen.

Ik heb wel eens bedacht, wat als… op een goede dag één van de kinderen die mij vroeger op school het leven zuur maakten weer op mijn pad zouden komen?

Je werkt bijvoorbeeld bij het UWV en je ziet in de bak met aanvragen een naam staan. Pats! Daar gaat het verleden aan. Je hoort de lach weer, je ziet je band van je fiets, lek gestoken... Wat ga je dan doen? Leg je dat dossier onderop de stapel? Ik weet dat ik het niet zou doen.

Ik weet wel dat Betty het even zal bespreken. De emotie van jaren en jaren geleden zal door mijn hoofd spoken. Natuurlijk ben je nu volwassen en zou het je nu nooit meer zo gebeuren, maar toen was het wel een levensbepalend iemand.

Een van de dingen die Betty mij wel liet doen, wat het uitgummen van mensen. In de dating-tijd was ze erg goed in het verwijderen van prinsjes. Na het zoveelste zinloze gesprek of het bewijs dat de prins in kwestie minder zuivere intenties had, had ze een genadeloos vingertje. Klik, weg uit de contactpersonenlijst, en dan ook wel uit alle apparaten: de telefoon, Facebook, mailboxen. Adios nare prins. Tot nooit weer ziens.

Van andere vrouwen zag ik wel eens dat ze kleine boekjes hadden, waar prinsjes in geparkeerd werden. Het ego van deze dames gooide hen wel uit alle apparaten, maar hield de deur op een kier door het telefoonnummer ergens te noteren met de naam en korte omschrijving. Dat was geen optie voor Betty. Gummen is gummen.

Er zat wel een nadeel aan het klikgrage vingertje van Betty. Zo kon het gebeuren, dat ze uit wraak prins X had verwijderd. Die had inmiddels weer een andere alias op het internet en vervolgens kwam ze dezelfde prins weer tegen. Die had geen benul dat hij uitgegumd was en begon gezellig te kletsen. Betty had inmiddels geen idee meer wie prins X was en de wraak kwam als nog. "Uhm, help me even, wie was je ook al weer?" Geen enkele prins vond het leuk om niet meer herkend te worden en ze dropen beledigd af.

Wraakgevoel ontstaat bij Betty meestal als ze iets als oneerlijk heeft ervaren; of als iemand iets heeft gezegd of gedaan wat zij als pijnlijk ervaarde.

Het ergste van alles is eigenlijk dat Betty nauwelijks tijd neemt om over een reactie na te denken. Ze reageert meteen en vol vuur. De emotie is zo sterk dat er geen houden aan is. Ze moet reageren, ze kan niet anders. Ze moet laten weten dat het niet in orde is, dat iemand vals was. Alle registers gaan open in bewijsvoering dat haar onrecht werd aangedaan. Ze heeft geen tijd om compassie te tonen, neeee… ze gaat ervoor.

Het grote nadeel is vaak, dat als de emotie zakt, zichtbaar wordt wat ze heeft gedaan. Betty zit in een hoekje. Ze beseft wat haar impulsieve handelen te weeg bracht. Ze dompelt zich onder in schaamte. "Oops" hoor ik dan in mijn hoofd. Want vaak zit er nog een andere kant aan een verhaal of heeft iemand een verklaring voor de situatie.

Wraak maakt vaak hele kinderlijke dingen los in het ego. Het bedenken van manieren waarop de ander zijn lesje wel zal krijgen is heel gewoon voor het ego. Of je er ook iets mee doet is een tweede… maar nadenken over iemand een hak zetten voelt dan even zo lekker.

Zo kun je jezelf wel eens tegenkomen als een genadeloos heksje dat medestanders zoekt om een wraakactie te bedenken. Een niet zo betrouwbare man moest het ontgelden, toen hij zowel bij Betty als het egootje van een vriendin kwam sjansen. Die meneer heeft dat geweten. De beide dametjes waren poeslief en aardig, totdat het genoeg was en de meneer werd geconfronteerd met het liegen en bedriegen. Betty en haar 'zuster' ego rekenden af met de casanova.

Dat was allemaal redelijk onschuldig en over de krasjes op het zieltje van mijn Betty was heen te komen. Het werd pas ingewikkelder toen zich in de wereld van werk dingen afspeelden.

Betty heeft niet alleen maar nare kantjes. Ze is ook goed in het alert zijn op 'gevaar' en ego's van anderen die zich ook laten zien. Een van de lastigste momenten was, weten dat er niet eerlijk werd gecommuniceerd, maar er geen bewijs voor hebben. Maandenlang zocht ik naar een oplossing. Betty kermde. Ze wilde een eind aan de nare sfeer, wilde openheid, eerlijkheid, maar dat lukte niet.

Het draaide er op uit dat ik me gewonnen gaf en mijn ontslag indiende. Een hele heftige beslissing.

Op de laatste dag, toen er niemand was, vond Betty bewijs. Een hele mailwisseling tussen de twee collega's waar alles wat ik bij mijn manager had aangegeven zo te lezen was. "Zie je wel, ik had gelijk", juichte Betty. Haar vingertjes waren klaar om even een kopietje te maken en dat naar de manager te sturen. "Wat dachten die twee wel, dat ze ermee wegkwamen om iemand weg te treiteren?" Ik was namelijk niet de eerste die dit had meegemaakt. Mijn voorgangster had met een burn-out het slagveld verlaten.

Het was zo verleidelijk, maar ik heb het niet gedaan. Ik bedacht me dat ik de schade die er was aangericht niet zou kunnen herstellen. Ik wilde ook niet werken op een plek waar deze situatie mogelijk was. De manager had niet echt een heldere blik daarin. Ik besloot niets te doen en de deur op de laatste dag net even wat harder dicht te doen dan anders.

Helaas komt het vaker voor en was het zeker niet de laatste keer dat Betty met Molotov cocktails klaar stond om oneerlijkheid te bestrijden. Het werkt jammer genoeg niet. Eenzame strijders zijn snel uitgevochten. Het leek alsof ik een les had in het accepteren van gedrag van anderen en mijn wraakzuchtige egootje moest leren bedwingen.

Het verhaal loslaten en bedenken dat het zinloos is om er lang bij stil te staan, komt op zo'n moment niet bij haar op. Zo kan het voorkomen dat Betty in mijn slaap nog heel druk is met gesprekken voeren met de 'daders'. Dan gaat ze los. Ze spuugt vuur, vertelt ze precies waar het op staat en eist excuses of genoegdoening. Het resultaat is dat je doodmoe wakker wordt met een grijze wolk in je hoofd.

Ik was redelijk klaar met het doodmoe wakker worden door de emotie van wraak van mijn ego. De gesprekken in mijn hoofd waren niet positief en kostten mij veel energie. Ik besloot mijn lieve Betty af te leiden met muziek en positieve meditaties voordat ik ging slapen. Dat was de oplossing. Ik heb haar niet meer horen babbelen in mijn slaap. Wees gerust, ze probeert het nog steeds, hoor... overdag.

Mijn behoefte aan wraak is bijna helemaal weg. Ik heb Betty nu door. Ik weet waarom ze de behoefte heeft. Natuurlijk is er de incidentele hik. De laatste keer dat ze me voor was, was toen iemand mij een vriendschapsverzoek stuurde voor Facebook. Het bleek dat deze persoon op de uitnodiging gedrukt had zonder daarbij na te denken.

Toen ik een paar dagen later op de accepteer knop drukte, volgde een paar minuten later een bericht. "Het lijkt erop dat wij vrienden zijn, maar ik heb geen idee wie je bent."

Ik zag toen de ironie nog niet... Betty was beledigd. "Je kent me niet en je drukt op uitnodigen?" "Was jouw vinger uitgegleden?" was de opmerking van Betty. "Ja, ik denk het", was het antwoord. "Ach, je kunt me altijd nog ontvrienden", daagde Betty uit. "Ja, dat ga ik doen" volgde. Dat was het toppunt. Betty was er klaar mee. Die man ging neer. Ze haastte zich om bij de ontvriend-knop te komen om als eerste de relatie te verbreken, uit wraak, maar door de haast, drukte ze op 'stuur uitnodiging', tot twee keer toe. Een kreet van frustratie was het gevolg.

Ik bleef naar het scherm staren en zag ineens de ironie. Hoe vaak had Betty dit bij mannen gedaan? Nu was het onze beurt. Het universum moet een levenslesje over gehad hebben die dag. Wraak loont niet, het keert bij je terug.

Hoofdstuk 8 Jij of ik?

People-pleaser is een mooie Engelse term, die het systeem omschrijft waarbij je mensen behaagt om aardig gevonden te worden. Ik heb deze manier van doen ook heel lang volgehouden. Eigenlijk is Betty bij dit onderwerp best een beschermster geweest.

Voordat ik Betty ontdekte, was ik een nette burger. Ik probeerde zo veel mogelijk mee te draaien en mee te gaan in het sociaal wenselijke gedrag van mijn omgeving. Betty was er al lang, want ik had eerlijk gezegd een enorme hekel aan het aanpassen.

Verjaardagen waren een kwelling voor mij. Het in een kamer zitten met een terugkerend groepje mensen, met steeds dezelfde gesprekken. Het gevoel hebben om weg te willen, maar de uitgang niet kunnen vinden omdat je dan langs een hele rij mensen moet. Gesprekken voeren over huisje-boompje-beestje en glimlachen.

Innerlijk zat mijn Betty te spugen. "Getver, al die mensen die zo gelukkig lijken te zijn." Ze wist wel beter. Ze wist van sommigen dat het helemaal niet zo lekker liep thuis, maar op verjaardagen leek er ineens niets aan de hand.

Als iemand vroeg "Hoe gaat het met je?" Het gebruikelijke antwoord: "Ja goed hoor! " en dat was het dan. Innerlijk had ik zin om gewoon te zeggen dat ik absoluut niet gelukkig was en graag mezelf wilde zijn. Maar ja, zo'n antwoord zou wel erg schokkend zijn en heel veel vragen oproepen.

In relaties kwam ik hetzelfde fenomeen tegen, jij of ik. Ik had mezelf jarenlang weggecijferd om in de rol van goede echtgenote te passen. Gestopt met werken om voor onze dochter te zorgen, het huishouden geregeld en alle sociale zaken bijgehouden. Het was opvallend dat er aan het begin van elk nieuw jaar een punt kwam waarop ik het even niet meer wist. Of het nou ontevredenheid was of ongelukkig zijn, ik wist het niet, maar er was iets niet zoals ik het graag zou willen.

Ergens rond mijn achtendertigste levensjaar gebeurde het. Ik ging er na de zoveelste vragenronde aan het begin van het jaar iets mee doen. Ik ging op een ontwikkelweekeinde. Een training waarbij er gewerkt werd aan het omdraaien van gedachten. Ik vond het spannend. Ik genoot van alle inzichten en zweefde twee weken op een wolk. Ik kon de hele wereld aan; alles was in orde, ik accepteerde de wereld. Het kon niet mooier. Tot het effect was uitgewerkt en ik terug kwam in de realiteit.

Na dat weekeinde bleef ik naar een coach gaan om orde op zaken te stellen. Ik maakte de afspraak met mezelf om af te vallen, ging op yogales en maakte contact met de wereld buiten mijn dorp door op Hyves te communiceren. Ik begon te veranderen. Ik ging dingen doen die ik leuk vond.

Mijn omgeving reageerde na een tijdje. De mensen om mij heen vonden het maar niks. Ik was niet meer dezelfde. Ik ging ineens dingen voor mezelf doen, ontwikkelde me in onderwerpen waar ze toch niet helemaal in mee konden komen. Soms worstelde ik daar enorm mee. Ik kon mijn nieuwe persoon niet helemaal laten zien, omdat de wereld daar moeite mee scheen te hebben. Ze wilden dat ik bleef zoals ik was.

Mijn veranderde uiterlijk en de ruimte die ik nam voor mij, leidde uiteindelijk tot een scheiding. Mijn Betty was net geboren en was in alle staten.

"Ik wil gewoon een vrouw die thuis is als ik thuiskom en normaal doet", was het relaas van mijn partner. Betty schreeuwde in mijn oor: "Dat is lekker, doe ik al die moeite om te veranderen en ben ik eindelijk leuk, en dan zou ik met een toverstafje alles weer terug moeten toveren naar zoals het was?" "Ik dacht het niet!" De jij of ik vraag was gesteld. Ik koos voor mij, met alle gevolgen van dien. Ik weet niet of ik dezelfde keuze had gemaakt als ik vooraf had geweten wat me allemaal nog te wachten stond, maar op dat moment nam ik hem.

Na mijn scheiding kwam 'jij of ik" nog vele malen terug. Een nieuwe partner vinden viel nog niet mee. Weer viel ik terug in het gaan geven om in de smaak te vallen. Onhandig als je leeft met een Betty, die genadeloos commentaar levert als er weer eens een poging jammerlijk mislukt. "Zie je nou wel, ze zijn allemaal hetzelfde!" "Ze komen alleen maar halen en voor ons gaan om wie we zijn, vergeet het maar." Betty wilde gehakt maken van mannen. Ze was ze spuugzat.

Het duurde een tijd voordat ik doorhad dat geven met de verwachting iets terug te krijgen niet zo slim was. Ik belandde in een moeilijke relatie met een man. Ik had impulsief besloten om bij hem te gaan wonen omdat ik weg moest uit het huis waar ik met mijn gezin had gewoond. De jij-of-ik-vraag had op tafel gelegen over het huis waar ik woonde.

Ik wilde een vredige scheiding, dus gaf ik veel dingen op. Toen helder werd dat het blijven wonen in het huis op het ik-lijstje van mijn man stond, ontstond er paniek en sprong ik in het avontuur. Dat was zeker niet de meest wijze beslissing in mijn leven, maar op dat moment zag ik geen andere optie. Als het me vandaag zou overkomen, zou ik vechten. Ik zou dingen voor mij claimen en ik dingen anders gedaan hebben.

De man waar ik bij ging wonen had een specifieke levensvisie. Zo vertelde hij over dat mensen toch vooral onvoorwaardelijk van zichzelf moesten houden. Ik zou snel ontdekken wat dat inhield en hoe hij me daarin zou testen. Er ontstonden situaties waarin ik keuzes moest maken. Hij of ik, mijn ex-man of ik.

Het was als een psychologisch bootcamp. Betty was aan het schreeuwen en jammeren. Dit was niet wat we in een relatie wilden. Dit was niet liefdevol en verzorgend naar een vrouw toe. Na zes maanden had ik er genoeg van. Ik wilde uit de relatie. Het probleem dat zich daarbij had voorgedaan was, dat als ik dat wilde ik ook dezelfde dag nog weg zou moeten. Zijn woorden galmden door mijn hoofd heen terwijl ik probeerde een oplossing te verzinnen.

Ik kreeg pas door dat het een test was toen ik mijn dochter meenam op vakantie. We hadden wat geld van de vader van mijn dochter gekregen voor uitjes. Daar had mijn nieuwe relatie een probleem mee. Ik moest dat niet aanpakken. Eenmaal op de bestemming vroeg hij me of ik het had aangenomen. Ik vertelde de waarheid. Hij was op zijn zachtst gezegd not amused. De discussies aan de telefoon bleven komen, tot het moment dat ik er genoeg van had. Ik vertelde hem dat ik klaar met hem was. Kort daarna kreeg ik een sms'je. "Gefeliciteerd, je bent geslaagd." "Je houdt eindelijk onvoorwaardelijk van jezelf." Ik staarde met open mond naar het bericht. Ik was woedend. Dit was niet meer dan een project geweest…

Ik herinner me dat ik op een maandagochtend aan de tafel zat en het leven overdacht. Dit was niet de manier waarop ik mijn leven wilde leven. Ik was doodongelukkig. Ik kon net zo goed mijn spullen pakken en gaan. Dan zou ik alleen zijn, maar zeker niet zo ongelukkig als op dat moment. Ik pakte mijn spullen en reed de horizon tegemoet, niet wetende waar ik terecht zou komen. Betty was bang. Ze was vreselijk bang.

Het grappige aan het nemen van een besluit is, dat het ruimte schept voor nieuwe mogelijkheden. Ik vond diezelfde dag nog een huis voor mezelf. Ik begon een nieuw leven. Betty was erg boos op de man waar ik bij had gewoond. Na een tijdje dacht ik; als ik hem niet had ontmoet, zou ik hier niet staan. Hij probeerde mij rechtop te laten staan en me te laten stoppen met geven met een verwachting. De theorie klopte, de lesmethode die hij toepaste niet.

Je zou denken dat ik mijn lesje geleerd had. Ik deed nog een poging om met iemand samen te wonen. Het idee dat iemand voor me zou zorgen was belangrijk. Het gevoel in de steek gelaten te zijn maakte dat ik een grote behoefte had om iemand naast me te hebben die er wel zou zijn. Psychologen zullen ongetwijfeld smullen van dit hoofdstuk en het onderbrengen onder een leuke benaming uit het grote-problemen-boek waar ze mensen mee kunnen labelen. Ik zie het als een reis op zoek naar jezelf met heel veel hobbels tijdens het reizen.

De nieuwe relatie was minder heftig dan de vorige en mijn vertrek iets minder panisch. Ik ging weer op mijn eigen plek wonen. Betty was opgelucht. Geen samenwonen meer voor ons, was haar commentaar. Wij hebben ons eigen kasteel van nu af aan.

Deze relaties verdienden geen schoonheidsprijs. Betty heeft een "Wall of shame" (schaammuur) in haar kamertje. Die had ze ingericht voor het geval ik weer malle ideeën zou krijgen. Het wijzen naar de muur was een waarschuwing van haar: "Weet je nog... laten we maar niet weer die kant op gaan."

Terugkijkend zie ik dat ik de ervaringen nodig had om te stoppen met het nodig hebben van iemand. Ik vond mijn eigen veilige haven. Ik denk dat het een van de redenen is waarom Betty niet wil samenwonen. "Jij of ik" heeft dat veroorzaakt. We denken nu liever na voordat we springen.

Hoofdstuk 9 Betty en Sherlockje

Het was onvermijdelijk dat Betty op een dag een nieuwe relatie zou vinden. Na alle onderzoeken en jammerlijk mislukte pogingen op zoek naar een fatsoenlijk exemplaar, verscheen op een dag Sherlock ten tonele. Het was natuurlijk geen Bouquetreeks- romance, maar wel een botsing op niveau.

Bij een apart schepsel als ik, met een eigen karaktertje voor mijn ego, hoort natuurlijk een gelijksoortig aparte mannelijke versie. Daarom stel ik u bij dezen voor, hooggeëerd publiek, aan the one and only... Sherlock!

Net toen Betty het helemaal had gehad met het volledige mannelijke ras, kwam ze Sherlock tegen. "Je mag wel gewoon tegen me praten hoor", was zijn reactie op de internetpagina waar we elkaar troffen.

Tja, tegenwoordig gaat alles online, dus waarom niet je mogelijke partner daar 'bestellen'. Met een diepe zucht wilde ik hem wegklikken, maar ergens dacht ik: "Ja, dat is ook zo, je kunt ook gewoon praten." Het is niet per definitie zo dat alle mannen op jacht zijn met maar één doel voor ogen. Ik negeerde Betty en zei iets terug tegen 'de man die wilde praten'. Dat bleek geen slecht besluit te zijn geweest. We praten nog steeds, al jaren lang.

Je zou denken; eind goed, al goed. Maar dan zijn jullie Betty even vergeten. Leuk hoor, zo'n Sherlock, maar de alarmfase was ingegaan. Een man in ons leven. Hm. Tja. Eerst maar eens kijken wat voor een vlees we nu weer in de kuip hebben. Laat ie zich maar eens bewijzen. Puh.

Sherlock was zich nog totaal niet bewust van de ontmoeting met Betty. Ik weet niet of hij wist wat hem boven het hoofd hing en of hij dan zo blij was geweest. Ik weet niet of hij dan überhaupt nog in mijn leven zou zijn.

De eerste maanden was Betty erg druk met kijken of het allemaal wel in orde was. Er waren wat uitdagingen. De verschillen, zeg maar. Langzaam begon Sherlock ook Betty op te merken en oei, daar had ie het wel moeilijk mee.

Het kostte even wat tijd om Betty "voor te stellen"; waarom ze in het leven werd geroepen en wat ze doet, dat ik geen therapie hoef voor een vermeende meervoudige persoonlijkheid stoornis en dat Betty een functie heeft. Het grote geluk met Sherlock was, dat hij enorm kalm bleef onder de meeste omstandigheden. Geen tegenaanvallen, geen discussies. Betty kon daar helemaal niks mee. Een drambui bloedde langzaam dood, doordat er niet in meegegaan werd.

Ik noem steeds Sherlock, maar mijn nieuwe liefde had nog geen idee van het poppetje in zijn leven (om dat zo maar even te noemen). Dat kwam pas na een hele tijd. Net als alle stellen kwamen wij hobbels tegen op het liefdespad. Onuitgesproken gevoelens, invullingen over wat de ander wel zou willen, wat de ander wel zou denken... Net toen Betty het idee had dat het maar beter over kon zijn, veranderde er van alles.

Het kiezen van een karaktertje was niet zo heel lastig voor mijn liefde. Zijn voorliefde voor het onderzoeken van dingen en het opzoeken van informatie als hij een woord of situatie tegenkomt, gecombineerd met de wat onhandige manier van communiceren die de wereldberoemde speurneus kenmerkt, leverde het Sherlock Holmes op. Slim, doch onbegrijpelijk soms.

De relatie houdt stand doordat er heel bewust gekozen is voor ieder een eigen wereld. Het verleden leerde dat samengestelde gezinnen een uitdaging vormen en daar had ik zo mijn leergeld mee betaald. Het is ook leuker om elkaar even niet te zien en dan weer van alles aan elkaar te kunnen vertellen. Daarnaast had ik op mijn ontwikkelingsreis inmiddels zo goed geleerd om alleen te zijn, dat ik graag mijn eigen ruimte wilde houden. Een latrelatie was het resultaat.

Soms communiceren Betty en Sherlock direct met elkaar. Gezien de afstand wordt er veel via apps gepraat. Een gesprek als dit kan zo maar voorkomen:

Psst, Sherlock

Ja, Betty

Voel jij je ook genegeerd?

Ja, nogal… wat gaan we daar aan doen?

Dit soort gesprekken zijn hilarisch én effectief. Het maakt het zeggen van dingen die je normaal niet zo gauw zou zeggen wel makkelijker. Elkaar aanspreken op iets wat niet leuk overkomt of op mindere eigenschappen wordt zo wat luchtiger.

Betty en Sherlockje zijn namelijk nogal verschillend. De extroverte Betty zorgt altijd voor bedrijvigheid en de introverte Sherlock kijkt vol verwondering naar wat dat kleine dametje allemaal aan het doen is.

"Zeg, wat denk jij?" vraag ik. "Is dit een leuk shirt?" De situatie: winkelen voor kleding voordat we samen op een cruise gingen. Sherlock staat met zijn telefoon in zijn handen tussen de kledingrekken. Ik kan nog net zien dat hij op een knopje drukt op het scherm van zijn telefoon. Hij speelt een spel op internet. Iets met dorpjes en aanvallen.

"Grrr… mannen, het blijven kinderen!" floept Betty eruit en loopt door gedecideerd naar het volgende rek. Even later komt het antwoord dan eindelijk, alsof dat nog enig nut heeft: "Oh ja hoor, prima toch" zegt Sherlock. Betty slaakt een zucht. "Wat hebben we dáár nou aan?"

Kort daarvoor hadden we bovendien met Sherlock door de rekken lopen speuren naar iets fatsoenlijks voor onder een colbertje. De volledige aandacht was voor hem, hoewel de verleiding groot was om even een blik te werpen op de dameskleding. We bleven braaf gefocust op de mannenafdeling. En dit was onze dank?!

"Nou als jij toch nog even je oorlogsplannen aan het bekokstoven bent, kan ik net zo goed even iets gaan passen…", snerpt Betty. Geduldig wacht Sherlock op de 'mannenbank' die winkels speciaal geplaatst hebben voor dit soort situaties. De meegetrokken man moet toch ergens zitten. Ondertussen in de paskamer heeft Betty weer eens een aanval van wanhoop. "Hm, dat krijgen we ervan als we te vaak koekjes eten." Ik wurm me in het shirt, mezelf innerlijk verwensend voor mijn zwakte voor zoetigheid, en stap het hokje uit.

"Hm, staat niet zo leuk hè?" "Nou, dat valt toch wel mee?" probeert hij voorzichtig. Hij kent Betty inmiddels. "Alleen de achterkant kruipt op", voegt hij er nog aan toe.

Uit frustratie draai ik me om en trek het gordijn dicht. "Mannen!" sist Betty. Sherlock weet dat hij hoe dan ook de sjaak is. Zegt hij niets, dan is hij onverschillig. Als hij wél iets zegt, riskeert hij een aanvaring met Betty. Het valt niet mee, leven met een egootje.

Toen Sherlock net over de vloer kwam, hield Betty de meetlat van geschiktheid langs hem. Ik kan jullie melden, Sherlock kwam er beroerd vanaf bij Betty. Bij een kopje thee, met ons vriendinnen egootje Miss Piggy werd hij even doorgenomen. "Zucht... ik weet het niet." "Wat is er dan?" vraagt Miss Piggy. "Nou ja, weet je, hij is zo, ja, hoe zal ik het zeggen... anders." "Wat mankeert er nu weer aan deze?" zegt Miss Piggy. "We hebben dit toch allemaal al een keer doorgenomen en waren tot de conclusie gekomen dat de ideale man niet bestaat?" "Ja, dat weet ik wel", zegt Betty. "Ik moet ook niet zo zeuren. Hij is lief, attent, betrouwbaar, heeft geen zweetvoeten, is rustig..." Ze haalt haar schouders op. "Eigenlijk is er ook niets mis met hem."

Miss Piggy knijpt haar ogen onderzoekend samen. "Ik voel een maar opkomen Betty..." "Ja, nou ja, het is alleen... hij denkt zo anders en communiceert anders." "Uhm, ja.. duh, het is een MAN!" "Neehee, die overbekende niet-ontwikkelde dingen aan een man, daar heb ik het niet over." Betty werpt een blik op haar keurig bijgehouden lijstje en pikt er een punt uit. "Nou neem nou laatst" begint ze. "Staat ie in de keuken, heel lief een brood te bakken, komt ie met zijn besmeurde handen naar de tafel en gaat achter zijn laptop zitten om het recept te bekijken!" "Ik bedoel... jemig man, is het nu zo veel moeite om je handen even te wassen?!"

"Betty... ben je niet gewoon dingen aan het zoeken die aan Sherlock mankeren, omdat het kan?" Ze knikt alsof ze het ernstig met zichzelf eens is. "Ik bedoel.. is het niet gewoon heel erg eng dat je eindelijk iemand treft die in orde is?"

Dat was inderdaad waar. Het was nieuw om iemand te treffen die ons accepteerde zoals we zijn, die moeite deed om ons te snappen en niet de oorlog aan ging. Dat was nog wel de grootste irritatie van Betty. Ze kon geen bommetjes gooien naar Sherlock, want die bleef gewoon stil zitten en gaf geen kick.

Betty had er moeite mee dat Sherlock haar aanwezigheid zo onvoorwaardelijk accepteerde. Dat jeukte en maakte dat we gingen nadenken. "Hij kan het wel, accepteren. Wij niet! 'Grrr... dat is irritant." Het heeft flink wat tijd en soms knarsetanden van Betty gekost om de 'dingetjes' waar wij ons aan stoorden te accepteren. Wat erg geholpen heeft, gelukkig, is mijn gevoel voor humor.

Sherlock staat in de keuken. "Ik maak gehaktballen voor je liefje." Als ik even later kom kijken, zie ik de weegschaal op het aanrecht staan. "Uhm, meten is weten, neem ik aan?" vraag ik geckscherend. "Ja, als je het gehakt weegt en daarna deelt door het aantal ballen, heb je straks allemaal perfect gelijke ballen." Betty rolt met haar ogen. De wereld om haar heen draait. "Serieus?" "Afgemeten ballen? Je maakt een grapje?" Sherlock was bloedserieus. Hij houdt ervan. Hij is de wetenschapper, de man met de liefde voor exactheid. Betty vindt dat vermoeiend. Zij heeft geen geduld. "Je kwakt gewoon dat pak gehakt in een kom, gooit er een zakje poeder bij, hopla ei erbij, mixen en voilà gehaktballen". Nu ziet Sherlock de grond onder zijn voeten verdwijnen.

Betty slaat haar armen over elkaar en klinkt resoluut: "Niks moeilijk doen en wegen…"

Inmiddels moet ik erom lachen. Sherlock en zijn ballen, perfect afgemeten en heerlijk van smaak. Maar Betty houdt niet zo van verschillen, want dan lopen we het risico dat het niet gaat zoals zij wil. Het heeft een hoop zuchten gekost voordat ze dingen kon laten zijn zoals ze zijn. Afgewogen ballen, minder netjes zijn (hoewel Sherlock echt zijn best doet om alles op te ruimen na het brood bakken). Betty wil dan nog even met een doekje over het aanrecht en de weegschaal schoonmaken (die zet hij altijd terug zonder af te vegen, getsie!).

Sherlock verdient een lintje van de koning. Hij houdt het al wat jaartjes vol met Betty en inmiddels is ze aan Sherlock gewend en ook bereid om zijn eigenschappen te accepteren en mee te giechelen om de ballen.

De aanwezigheid van Betty en Sherlock in de relatie levert tot nu toe alleen maar voordeel op. Het zorgt voor open communicatie. Ruzies mogen er zijn, want we weten allebei dat die voortkomen uit onze poppetjes. We lachen ook heel wat af om ze en dat zorgt voor relativering.

Ego's in een relatie... een interessant gegeven. Zo interessant dat er nog wel een boek over te schrijven valt. Wie weet. Wordt vervolgd?

Hoofdstuk 10 "Schat, kan het zijn dat ik jouw moeder naast de frikandellen zag liggen?"

"Wat is het aan jezelf, dat je stoort aan een ander?"

Betty kijkt naar de stelling en gromt. "Ja hoor, tuurlijk, het ligt weer aan mij." "Dus als ik me erger aan iemand, heb ik het gedaan?" "Ik dacht het niet!"

Het kijken naar emoties die je hebt in reactie op wat anderen om je heen doen, is een lastige. Toen ik de zin tegen kwam in mijn leven, had ik een manager waar ik moeite mee had. Een terugkerend patroon, zou later blijken. Het was een kleine man met een hele grote auto. 'Nou, dat zal wel zijn omdat hij zo klein is, dat hij zo'n dikke auto nodig heeft' dacht Betty. "Zijn ego moet zeker ook mee in de kofferbak?"

Waar ik me erg aan stoorde was het autoritaire gedrag dat deze man had. Zich heel groot maken en belangrijk voelen. Ik kon toen niet inzien dat daar waarschijnlijk een goede reden voor was. Misschien was zijn lengte gedurende zijn leven een onderwerp geweest waar hij op afgerekend was en nu in deze rol, wilde hij zich laten zien en serieus genomen voelen. Los van zijn lengte.

De trainster van de workshop waar de stelling een onderdeel van uitmaakte, zag mij ermee worstelen. "Wat doet die meneer dan waar je zo'n hekel aan hebt?" vroeg ze me. "Hij maakt zich groot, hij doet interessant, hij dwingt af dat we hem belangrijk vinden." "Goed, dat zal allemaal waar zijn" zei ze, "maar als je nu eens heel eerlijk naar jezelf kijkt, is het dan niet zo dat je hem niet kunt uitstaan omdat hij jou niet behandelt zoals jij dat wilt?" Ik kon er niets mee.

Weer startte ik een heel pleidooi over zijn belachelijke manier van doen. Zijn autoritaire manier om koffie te vragen. Het leek de koning wel. Betty kon zijn bloed wel drinken.

Later, toen ik Betty ontdekt had, viel het kwartje. Ik deed precies hetzelfde als de 'moeilijke' baas. Ik maakte me groot, ging spugen en bijten als iemand mij iets wilde laten doen zonder dat te vragen. Het sloeg in als een bom. Ik, de altijd zo lieve persoon, had dit als eigenschap? Ik moest dat even laten bezinken. Hoe kon ik zo lelijk zijn en zo op hem lijken?

Er zouden nog wat moeilijke bazen nodig zijn om het helemaal te snappen en te erkennen. Het was inderdaad waar. De eigenschap van een ander waar ik me zo druk over maakte, zat ook in mij. Door Betty.

Door deze nieuwe kennis, ging ik eens opletten op mensen waar ik dan zo'n hekel aan had. Wat deden ze, wat zeiden ze, hoe was hun houding? Ik ging bij workshop vooral naast de mensen zitten die ik niet leuk vond en begon een praatje. Het grappige effect daarvan was, dat ik na afloop de beste maatjes werd. Ik benoemde vaak dat ik het lastig vond om naast hen te zitten en ook waarom. De eerlijkheid daarin werd vaak erg gewaardeerd.

Allemaal leuk en aardig, die nieuwe informatie, maar er waren toch nog wel wat mensen in het archief waar ik niet zo mild naar kon kijken. De weerstand om te onderzoeken waar ik op hen leek was heel groot. Betty bleef bij haar mening. Die mensen hadden het gewoon gedaan bij ons en daarmee basta.

Het lijkt wel of je automatisch de kennis toegestuurd krijgt als je met iets in je leven aan het worstelen bent. Zo kreeg ik een les over vergeven. Nou, dat was een heel gedoe. Een meditatie over hoe je mensen die jou iets hadden aangedaan, kon vergeven.

De oefening was, schrijf de naam van de persoon op een briefje, leg dat in een bakje water en doe dat in de vriezer. Nou, ik ben van de praktische oefeningen, dus hopla. De naam erop en de vriezer in. De achterliggende gedachte was om de situatie even te parkeren terwijl je werkte aan het vergeven.

Weken later, hoor ik: "Schat… ik vond net jouw moeder naast de frikandellen." Ik was het hele experiment vergeten en bulderde van het lachen. Oh, ja, verhip, ik was bezig met het project vergeven. Dit was niet zo'n handige manier, bleek.

Het volgende project was om op papier te zetten wie je zou vergeven. De brief begon met "Beste…, ik vergeef je voor…" en daarna mocht je helemaal los gaan. Oh, dat leek me wel iets. Alle verwijten en nare gedachten vonden hun weg door de balpen naar het papier. Ik schreef en schreef… Iedereen kwam aan de beurt.

Als de vergeef-brief eenmaal klaar was, kon je die verbranden en zou dat een positief effect hebben op de situatie. Mooi… op zoek naar de potkachel in de tuin. Die was uitgeleend voor een feestje. Zucht. Dan maar in een braadpan. Briefje erin, aansteker erbij… Vaarwel nare gedachten! Totdat de hele tuin onder de rook stond. Mijn buren waren niet blij met mijn drang naar ontwikkeling.

Hoe vergeef je dan, als al die praktische manieren niet lijken te werken. Terug naar de tekentafel, zoals dat zo mooi heet.

Ondertussen merkte ik wel dat ik niet gelukkiger werd van het vasthouden van de nare gedachten over mensen. Het leek ook wel of ik steeds weer dezelfde situatie tegenkwam alleen met een andere baas of medemens. Er moest toch wel iets in mij iets waardoor ik er niet vanaf leek te komen.

Niet vergeven, zet tralies om jouw eigen leven, las ik ergens. Hm, daar moest ik even op kauwen. Ik werd er niet vrolijker van; ik leek steeds dezelfde situaties te krijgen... Dan toch maar weer eens kijken naar dat vergeven.

Vergeven is niet zeggen dat het oké is wat de ander deed, maar ervoor kiezen om het los te laten.

Het leek erop dat Betty daarmee de meeste moeite had: het feit dat de ander er ongestraft mee weg zou komen als ik zou vergeven. Een stilzwijgende goedkeuring voor naar gedrag van een ander. Daar kwam ze maar niet overheen. "Ja, maar ze hebben wel nare dingen gedaan." "Moeten we dat dan zo maar vergeten?" "Waar is de gerechtigheid in dat verhaal dan?"

Er is iemand waar ik al een tijdje geen contact meer heb. Ik herinner me het laatste gesprek nog. Ik ging weg met een stuiterende Betty. "Wat dachten ze wel?" "We gaan niet doen wat een ander wil!" Later dacht ik er nog eens over na hoe ik dit op zou kunnen lossen. Ik besloot een brief te schrijven en een time-out voor te stellen. Het leek zo'n oprechte brief van mijn kant gezien. Ik had Betty er zelfs buiten gelaten. Daar dacht de andere partij niet zo over en het resultaat was het stoppen van het contact.

Als je wilt vergeven, dan moet er ergens de bereidheid zijn om naar de andere kant van het verhaal te kijken. Als je dat kunt, dan is er compassie. Ik ontdekte dat de andere partij ook mocht denken wat zij dachten. Het enige probleem in deze situatie was het aantal verwachtingen naar mij toe. Betty zag dat als een claim en daar kan ze niet goed tegen.

Ik probeerde het verhaal los te laten en de boosheid die ik had sinds de dag dat ik wegging ook. Ik schreef een kaart met Kerst en op verjaardagen; elke keer met dezelfde boodschap. Wat er ook tussen ons is, ik hou nog altijd van jou. Ik krijg ook kaarten terug met dezelfde tekst.

Je zou denken; als je elkaar kaarten stuurt, waarom los je het dan niet op? Drie keer raden… Precies, Betty! Dit was niet de eerste keer dat er een verwijdering ontstond. Oude ervaringen worden elke keer weer opgebakken in Betty's keuken en aan mij geserveerd als ik na ga denken over toenadering.

"Wil je gelijk of geluk?" Een quote die ik vaak voorbij zag komen. De strijd met mijn ego is al een tijdje gaande. Ze wil nog niet opgeven. De pijn van de vorige keren zit diep. Als ik naar de gevoelens van de andere partij kijk, dan zal het niet veel verschillen met die van mij. Het komt neer op erkenning van gevoelens.

Deze situatie is een project in ontwikkeling. Ik werk er nog aan met Betty. De kaarten zijn al een stap in de goede richting en wie weet waar het toe mag leiden.

Vergeving is een proces van het loslaten van pijn, boosheid en verwijten.

Vergeving speelt nog een rol in ons leven, namelijk bij het vergeven van jezelf. Er zijn momenten dat ik terugkijk op mijn leven en nadenk over alle avonturen die ik beleefde.

Een deel van het ego is schuldgevoel en vooral over de dingen die je minder handig aanpakte.

Ik las een boek waarin de schrijver uitlegt dat iedereen keuzes maakt met de kennis die hij of zij op dat moment in huis heeft. Dat was nog eens zinvol bedacht... Als ik beter had geweten, had ik het wel anders gedaan. Dat is het moment waarop je met meer begrip naar eigen 'vergissingen' kunt kijken.

Betty is een expert in het benoemen van onze onhandige acties. We hebben een hele tijd gehad dat we avontuurlijk waren in onze zoektocht naar een nieuwe relatie. We zijn vaak naïef geweest. We werden afgeleid bij het bepalen van wat belangrijk is en wat niet.

Al met al realiseer ik me dat als ik geen vergissingen had begaan, ik ook niet zo veel zou hebben geleerd. Wie ik ben geworden, heb ik te danken aan alle pijn en teleurstellingen die ik heb ervaren. Ik ben er blij mee, omdat het me heeft gebracht waar ik nu ben.

Het vergeven van mezelf heeft de tralies weggehaald. Het heeft mijn eigenwaarde vergroot. Ik waardeer de dingen die ik deed en daarmee ook de lessen die ik heb geleerd.

Hoofdstuk 11 Betty ging op kamers

Ik sta met een doos klaar... Doe er potjes in en pannetjes... Eens kijken, wat heeft iemand zoal nodig? Ik hoor in de kamer in mijn hoofd gestamp en getier.. Ze is boos. Woedend! Buiten zichzelf. Ze weet wat er komen gaat en ze verzet zich met hand en tand.

Ik pak nog meer spulletjes in en ondertussen gaat het gejammer verder. Ze vecht voor haar bestaan, haar eigen mening, haar denkpatronen. "Ik heb je toch altijd behoed voor zaken, je veilig gehouden, gezorgd dat WE in ieder geval duidelijk maakten wat WE wilden? Ik heb wraak genomen voor je, afgerekend... Ik ben messcherp geweest naar mensen die ONS belazerden! En wat doe je... je zegt dat ik mag gaan? En bedankt... voor niets!" zegt Betty.

Ik luister niet naar haar geroep. Het is tijd. Al heel lang, maar nu weet ik dat het zo ver is. De tirades, de lange teksten, de gedachten, ze mogen weg. Ik merk dat het mij niet langer dient. Betty weet dat ze aan het oplossen is. Ze voelt het en komt in opstand. Ze wil blijven, vasthouden aan alles wat voor ons veilig voelde, maar ik word te vaak verdrietig van haar.

Hoe vaak kwam ik erachter dat het juist Betty was die zorgde voor de moeilijkheden die ik tegenkwam. Een lastige manager die mij kleineerde, volgens Betty. Nee... een prachtige spiegel die mij toonde wat ik te doen had. Ik mocht mijn gedachten omgooien en bedenken hoe sterk ik ben. Ik mocht inzien wat ik WEL goed doe en bij feedback gewoon denken, 'oké... dat klopt, maar dat zegt niet dat ik totaal nutteloos ben en ik zal ernaar kijken en het wijzigen'. Fouten maken is menselijk, dat betekent niet dat ik niet deug. Betty daarentegen stond op de barricades. Molotov cocktails paraat, klaar voor de aanval. "Wat dacht die Barbie-muts wel, met haar blonde haartjes en haar ego... ons zo neerzetten... Ik dacht het even niet!"

Elke keer als Betty dreigde te ontploffen, merkte ik dat de vermeende vijand nog harder uithaalde. Het had dus geen zin om Betty te laten praten of denken. Vanaf het moment dat ik Betty niet meer aanhoorde als er zich een situatie op mijn werk voordeed, veranderde er iets. De manager leek minder te zoeken naar fouten en schonk me zowaar een compliment!

De strijd met Betty was heftig. Weten dat het anders zit dan het stemmetje je influistert, maar het niet kunnen weerstaan; het lijkt afkicken, het ego laten zijn wat het is. Het gaat niet zonder slag of stoot. Heel veel oude gevoelens en patronen zijn in haar opgeslagen. Ze heeft een enorm archief met toneelstukjes en voorbeelden van voorheen. 'Weet je nog... met ...' en daar komt een verhaal omhoog waarin teleurstelling en pijn natuurlijk de hoofdrol vertolkten.

Betty schrijft haar eigen sprookje. Het sprookje van 'net niet'. De prins komt, paard inbegrepen, en telkens weer komen er gedachten waardoor het sprookje eindigt in een drama in dertien delen. Ze lijkt niet te geloven in het sprookje van JA wel. Natuurlijk heeft dat met eigenwaarde en zelfvertrouwen te maken. Geloven in jezelf en in je dromen en mogelijkheden. Daarin zijn we al een eind in gekomen afgelopen jaren.

Betty had vaak de rand van het ravijn in zicht. "Oh jee, als het maar weer goed komt", jammerde ze dan. Maar elke keer deed zich een wonder voor. Meestal veroorzaakt door een herhaling van positief denken over mijzelf. Betty zat dan rillend met een kopje thee en een dekentje in haar kamer te kijken of het wel zou lukken, dat wonder. Ze is mijn grootste beschermster, maar soms ook mijn ergste vijand. Het lijkt bluffen in je hoofd... uitgaan van het sprookje van WEL. Want je hebt vooraf nu eenmaal geen bewijs dat alles goed zal komen.

Ik pak nog meer dozen, deze keer voor alle memoires van Betty. De boekenkast in het kamertje van Betty is wand vullend geworden. Met haar chique pen noteerde ze alle emoties en avonturen. Wie wat deed en wie waarop afgerekend kon worden. Zo kon ze bij een soortgelijke situatie meteen alle info weer tevoorschijn toveren om te voorkomen dat we weer eens pijn zouden kunnen ervaren. Toch lief van haar, maar zo niet werkbaar. Ik mik alle dagboekjes in dozen. Ze mogen weg. Tijd om op te ruimen.

Ik ga naar de kamer van Betty, neem haar fragile handje en zeg: "Betty, het is tijd". Ze kijkt me aan met haar grote ogen en slikt. "Ik ga je op kamers doen. Je mag er zijn, maar niet meer in de kamer van mijn hoofd. Je mag op jezelf." Ik knuffel haar en zeg: "Dank je wel voor alle goede zorgen, want je bedoelde het goed, dat weet ik. Alleen mag ik het nu zelf doen, los van alle oude gedachten en emoties. Dag lieve Betty." Ze neemt haar koffertje op en wandelt uit de kamer in mijn hoofd op weg naar een eigen plek ergens. Ik zal haar zeker nog spreken, maar niet meer zoals het tot nu ging.

Af en toe komt ze nog op visite, mijn Betty. Ze drinkt dan een kopje thee en kijkt mee naar wat ik zoal over haar schrijf op mijn website. Een zuchtje van waardering kan ze maar amper onderdrukken. "Een eigen verhaallijn over mij, Betty!" roept ze dan uitgelaten. Egootjes vinden waardering ook lekker namelijk. Als ze pruttelt over dingen waar ze onzeker over is, hou ik het kort. Ik hoef eigenlijk alleen te vragen: "Goh, wat gaat de tijd snel, je moet zeker weer vlug naar huis?" Ze weet dan dat het klaar is en gaat weg.

Nawoord

Hoe voelt dat nu, mevrouw de schrijfster?" vraagt mijn coach. "Zet dat maar eens op papier voor me." Het eerste woord dat in me opkwam na die vraag was: "Bangerang", de uitspraak van Peter Pan in de film "Hook". Het voelt als een droom die nu uitkomt, omdat ik er in ging geloven.

Het schrijven van een boek in samenwerking met Betty was een hele uitdaging. Ze heeft het me niet makkelijk gemaakt. Probeer je maar eens te concentreren als iemand in je oor fluistert: "Zou je dat nu wel opschrijven?" "Stel dat mensen je afrekenen op zo veel openheid?" Betty was soms een mug in de slaapkamer, terwijl je in slaap valt, ronduit irritant en reden om een vliegenmepper te pakken en te slaan totdat het stil wordt.

Tijdens het schrijven van de hoofdstukken leek er een soort magisch iets in de lucht te hangen. Elke keer als ik een onderwerp uitkoos voor een hoofdstuk, leek dat in mijn leven van nu een rol te gaan spelen. Toen ik aan het hoofdstuk Wraak begon, dacht ik wel even 'wat zal er nu gaan gebeuren? Het is immers niet zo'n beste emotie.

Gelukkig heb ik inmiddels genoeg kennis van mijn ego om te weten dat er altijd situaties zullen komen waarin ze nog even langskomt en mee pruttelt.

Het schrijven van dit boek heeft me nog meer overtuigd van het feit dat mijn gedachten over mezelf bepalen of Betty ruimte heeft om te 'spelen'. Ik ben zelf de baas en niet mijn ego.

Mijn editor vroeg me "Wat vindt die Betty van jou er eigenlijk van?" Het zou wel erg grappig zijn als zij eens een interview gaf. Ik voel een giebel opkomen en mijn fantasie gaat aan. Ik hoor haar al...

"Nou, dan wil ik bij dezen even de gelegenheid om de volgende mensen te bedanken..." (pakt haar zwarte boekje met mensen die op de lijst staan met de titel: Appeltje mee te schillen).

Bedankt Hans (het egootje van de bananen). Ik kan je melden dat ik mijn bananen niet meer in de koelkast leg, maar alleen om dat IK dat wil en misschien ook wel een klein beetje om dat je gelijk had, (kucht even kort) maar dat terzijde.

Dank aan de man bij wie wij een project mochten zijn en we ons hou-onvoorwaardelijk-van-jezelf-diploma haalden. We leerden heel goed wat we vooral niet wilden in een relatie en dat kiezen voor jezelf, wanneer je denkt dat het nooit meer goed zal komen, hele mooie nieuwe oplossingen met zich mee kan brengen.

Dank aan de man die ons liet inzien dat wij beter alleen kunnen wonen en samengestelde gezinnen niet altijd een optie zijn.

Dank aan alle bazen die we hadden waar we heel wat hapjes lucht voor moesten nemen om het eindelijk te snappen. We waren al die tijd echt wel goed genoeg, maar zagen dat zelf niet zo in.

Dank aan alle mannen op Relatieplanet en de chat. Ik hoop dat jullie inmiddels ook aan de vrouw zijn of wellicht de 'bijvrouw' hebben gevonden voor opvulling buiten de feestdagen om.

Dank aan mijn beste vriendinnetje Mieke en haar ego Miss Piggy voor alle keren dat we gehuild, gegild, getierd, gescholden, maar ook zo ontzettend gelachen hebben.

Sherlockje, lieverdje… Dank je wel dat je zo goed bent in mij negeren. Zoals de Dalai Lama zegt: "Stilte is soms zo veel krachtiger dan woorden." Je hebt je een waardig kandidaat getoond in alle drambuien, ongeduldigheid en onveiligheid waar ik door overvallen werd. Je hebt je kwetsbaar opgesteld en jezelf in het leven geroepen om verkering te krijgen met mij, Betty… (wanneer gaan we ons jubileum trouwens vieren? En ik wil geen afgezaagde rozen…). We zullen zeker nog wel eens botsen, al was het maar over die nare feestdagen, maar gelukkig is mijn

Ernestine inmiddels zo getraind dat ze mij even onder de koude douche zet en ik dan een beetje afkoel.

Eh… Misschien dat IK ook nog even mag… Betty?"

"Nou, eh, als het moet?"

"Graag, ja."

"Wel verdo…eh, het podium is van jou!"

(rolt met ogen)…

Ik wil iedereen bedanken die mij heeft gemotiveerd heeft om door te gaan met mijn droom bedanken. Het is een bijzonder onderwerp en het heeft even tijd nodig om te snappen zal niet voor iedereen direct een helder of in de smaak vallend gegeven zijn, mijn Betty-idee, maar er zijn mensen geweest die vanaf het eerste moment in mij en Betty wilden geloven.

Peter Kaagman (ook wel bekend als Sherlockje), mijn steun en toeverlaat op ICT-gebied. Bedankt voor het onderzoeken van alle mogelijkheden op het gebied het publiceren en het geduld om met mij en Betty samen aan het boek te werken.

Brian Canavan, mijn Schotse coach, die mij steeds een schop onder mijn charmante achterwerk verkocht.

John White, mijn fan vanaf het eerste moment en de allereerste Engelsman die mijn Engelse versie 'The World according to Betty' las en beoordeelde.

Jolanda Kranenburg, dank je wel voor de hulp bij de omslag van het boek en voor de vriendschap met jou en Sjaan (jouw lieflijk egootje). Betty is dol op Sjaan!

Deniece Wildschut, mijn editor, die vanaf het moment dat ze mijn boek begon te lezen in een deuk lag, zoals ze het zelf omschreef en mijn boek heeft ontdaan van alle schoonheidsfoutjes.

En als laatste (uiteraard niet de plek die ze zelf zou kiezen)... Betty. Dank je wel voor de irritaties, de frustraties, de ongeremde emoties en de tirades... Zonder jou, was dit boek er nooit gekomen. Dank je wel darling.

Tot slot

"Ho, ho… stop!" "Uhm… als ik nog even de aandacht mag… Ja, kan het even? Fijn! Ik heb namelijk graag de aandacht, zoals u weet…"

"Vooruit dan maar even Betty, maar hou het kort!"

"Ik heb een nieuwtje!" "Er komt een tweede boek aan!" "Helaas moet ik in het volgende boek het podium delen, maar goed… het is niet anders." "Het volgende boek gaat over MIJ en Sherlockje, of liever gezegd over egootjes in een relatie." "Hoe het heet?"

"Dames en heren, met ongeremde trots deel ik u mede dat het volgende boek over mij gaat heten:

Praten met een sterretje (Egootjes in een relatie)

Hier alvast een klein voorproefje...

"Wat zit je nu weer te kijken op YouTube?" vraag ik nadat er een Amerikaanse man hoorbaar is aan de overkant van de tafel. Hij kijkt over zijn laptop heen. "Oh dat is een filmpje over messen" en hij kijkt weer verder. Ik had het kunnen weten, de fascinatie met messen is weer geprikkeld. Daar was ik al snel achter bij Sherlock. Hij heeft een miniatuur in zijn jas met ontelbaar veel extra's en dat is naast de collectie zakmessen die hij thuis dan nog heeft. Het zal een natuurinstinct zijn, overgedragen uit de tijd van de grotten, vrees ik. Betty kijkt het aan en wil eigenlijk diep zuchten. Ze heeft zo haar mening over de instructiefilmpjes-blijheid van Sherlock. Zo maar uit het niets drukt hij op een filmpje en galmt er informatie door de kamer, net als wij midden in een creatieve fase zitten en op hoog niveau een blog proberen te produceren over een of ander blij onderwerp. Bij een volgend incident loopt Betty naar de kast, rukt een la open en pakt heel demonstratief een koptelefoon. Met een hoop gezucht probeert ze het gaatje van de aansluiting voor de koptelefoon te vinden terwijl ze haar irritatie maar net binnen weet te houden. Inmiddels kijken twee ogen

Volgens Betty

over de tafel heen naar het gedrag van Betty. "Heb je last van mij?" vraagt hij op rustige toon en heel wijs Betty totaal negerend. Ik moet haar stoppen, ze mag niet gaan snerpen... Met veel moeite komt er een 'nee hoor' uit en op hetzelfde moment floept het stekkertje in de laptop. Zo, de rust is weer terug en Betty kan weer haar nageltjes gaan lakken of zo.

Dit is een voorbeeldje van de avonturen die Betty met Sherlockje heeft. In het boek "Praten met een sterretje" neemt de auteur jullie weer mee op reis door haar hoofd en door dat van ego Sherlock om te laten zien wat er gebeurt als je er twee bij elkaar zet, met het besef van elkaars bestaan. Het beseffen van het bestaan van een ego is nog geen garantie voor een lang en gelukkig leven. Daar komt nog wel wat werk bij kijken. Net als in "Volgens Betty" is het boek gevuld met de smeuïge uitspraken van de kleine diva aangevuld met de reacties van haar tegenpool Sherlock. Waar Betty totaal uit haar dak gaat, heeft Sherlock een introverte manier van spreken en implodeert hij nog wel eens.

"Praten met een sterretje" is net als "Volgens Betty" een inspiratieboek waar de lezer wordt uitgenodigd om te kijken, huiveren, lachen, misschien zichzelf te herkennen en vervolgens zelf te bepalen of hij/zij er überhaupt iets mee wil.

"Dan wil ik u danken voor uw aandacht en u ziet mij wel weer verschijnen in het volgende boek…"

"Dank je Betty."